PETIT GÂTEAU
RECIPE

プチガトー・レシピ
パティスリー35店の生菓子の技術とアイデア

café-sweets編集部編

はじめに

　ショーケースに並ぶ色とりどりの「プチガトー」(小さなケーキ)。プチガトーが放つ輝きは、お客を魅了し、パティシエの技術レベルや心意気をも感じさせます。そんなパティスリーの花形アイテムともいえるプチガトーは、素材、製法ともに進化を続け、また、クラシック回帰、モダン志向、デセール的なアプローチなど、パティシエの菓子づくりの方向性も多種多様になり、これまで以上に百花繚乱の様相を呈しています。

　本書では、ベテランから若手までキャリアの垣根を超えた注目35店の傑作プチガトーをレシピとともに紹介。定番、スペシャリテ、新作、季節商品など、各アイテムの店での位置づけはそれぞれ異なりますが、いずれもパティシエのスタイルが色濃く反映されたものばかり。詳細なレシピからは、製法のポイントだけでなく、シェフや店の菓子づくりの考え方も見えてきます。

　レシピ35品に加え、「CHAPTER 2」と「CHAPTER 3」の後半には計80品を超えるプチガトーのメニュー・カタログ「PETIT GÂTEAU / COLLECTION」を掲載。本書を彩る多彩なプチガトーとそのアイデアは、パティシエの創作意欲を大いに刺激するはずです。菓子づくりのヒントとして、ぜひ役立ててください。

CONTENTS

※上段は店名、下段は商品名

本書は『café-sweets』vol.169～vol.181の連載と、vol.164、vol.165、vol.169、vol.173、vol.179の特集より抜粋し、再編集したものです。内容は当時のもので、現在提供されていない商品、デザインが変更した商品もあります。

CHAPTER 1
有名店・実力シェフのスタイル

- 008 à tes souhaits!　[アテスウェイ]　プラリネ・パンプルムース
- 012 Paris S'éveille　[パリセヴェイユ]　タンタシオン・フレーズ
- 016 Pâtisserie LA VIE DOUCE　[パティスリー ラ・ヴィ・ドゥース]　シャルトリューズ
- 020 pâtisserie Sadaharu AOKI paris　[パティスリー・サダハル・アオキ・パリ]　コート・ディボワール
- 024 AU BON VIEUX TEMPS　[オーボンヴュータン]　ビジュー・ルージュ
- 028 Lilien Berg　[リリエンベルグ]　トロピッシュ
- 032 Oak Wood　[菓子工房 オークウッド]　紅玉リンゴとスパイスティーのタルト
- 036 LA VIEILLE FRANCE　[ラ・ヴィエイユ・フランス]　アルデショワ
- 040 Un Petit Paquet　[アン・プチ・パケ]　ディアボロ・マロン
- 044 Maison de Petit Four　[メゾン・ド・プティ・フール]　サヴール・タナン

CHAPTER 2
注目世代のしなやかなアイデア

- 050 PÂTISSERIE JUN UJITA　[パティスリー ジュンウジタ]　ジョア・ド・ペッシュ
- 054 Pâtisserie Yu Sasage　[パティスリー ユウ ササゲ]　ヌメロ キャトル
- 058 Pâtisserie PARTAGE　[パティスリー パクタージュ]　モンテリマール・フランボワーズ
- 062 Libertable　[リベルターブル]　アジュール
- 066 Pâtisserie Rechercher　[パティスリー ルシェルシェ]　オリエン
- 070 acidracines　[アシッドラシーヌ]　タルトシトロン・ピスターシュ
- 074 M-Boutique OSAKA MARRIOTT MIYAKO HOTEL　[エム-ブティック 大阪マリオット 都ホテル]　プロフーモ
- 078 pâtisserie VIVIenne　[パティスリー・ヴィヴィエンヌ]　オペラ・コスタリカ
- 082 UN GRAND PAS　[アングランパ]　マダム・アングランパ
- 086 PÂTISSERIE BIGARREAUX　[パティスリー ビガロー]　ル・プレジール

撮影　　天方晴子、上仲正寿、海老原俊之、大山裕平、加藤貴史、
　　　　合田昌弘、谷口憲児、間宮博、安河内聡
表紙撮影　岩崎真平
デザイン　伊藤泰久（ink in inc）
編集　　　吉田直人

CHAPTER 3
華麗なる
チョコレート・テクニック

090　Shinfula
　　　［シンフラ］
　　　フロマージュ-アス

094　Relation
　　　［ルラシオン］
　　　エクレール キャラポンム

098　grains de vanille
　　　［グラン・ヴァニーユ］
　　　タルト・マンゴー

102　PÂTISSERIE LACROIX
　　　［パティスリー ラクロワ］
　　　カシス オランジュ

106　Ryoura
　　　［リョウラ］
　　　コンフレール

110　PETIT GÂTEAU ／ COLLECTION－vol.1
　　　シェフの個性が光る、オリジナル菓子

122　ASTERISQUE
　　　［アステリスク］
　　　アラビカ

126　Pâtisserie Etienne
　　　［パティスリー エチエンヌ］
　　　シリアス

130　Pâtisserie Chocolaterie Chant d'Oiseau
　　　［パティスリー ショコラトリー シャンドワゾー］
　　　ロワイヤル

134　Les Temps Plus
　　　［レタンプリュス］
　　　フォレ・ノワール

138　OCTOBRE
　　　［オクトーブル］
　　　タルト キャラメル

142　Pâtisserie TRÈS CALME
　　　［パティスリー トレカルム］
　　　エベーヌ

146　Pâtisserie Les années folles
　　　［パティスリー レザネフォール］
　　　ノワゼット・カフェ

150　Pâtisserie & café DEL'IMMO
　　　［パティスリー & カフェ デリーモ］
　　　カラメリア

154　pâtisserie accueil
　　　［パティスリー アクイユ］
　　　ポミエル

158　Pâtisserie a terre
　　　［パティスリー ア・テール］
　　　ピエモン

162　PETIT GÂTEAU ／ COLLECTION－vol.2
　　　定番素材、チョコレートの生かし方

170　**補足レシピ**

176　**掲載店&シェフ紹介**

本書を使う前に

[材料について]

- ▸「つくりやすい分量」は、基本的に取材店の仕込み量です。とくに生地は、ほかの商品にも使うことを前提に仕込むケースもあり、材料の分量が多く、大量にできる場合があります。
- ▸ レシピ中に「分量外」として登場する材料は、とくに記載がない場合は適量を使用します。
- ▸ バターは無塩タイプを使用しています。
- ▸ 粉類はそれぞれあらかじめふるって使用しています。複数の粉類を合わせてふるっておく場合は、レシピ中の「下準備」に記載しています。
- ▸ バニラビーンズは、とくに記載がない場合は、サヤを裂いて種を取り出し、サヤと種をともに使用しています。
- ▸ 冷水でもどした板ゼラチンは、水けをきってから使用しています。
- ▸ 一部の材料には、その菓子の味に近づける参考として、メーカー名や製品名を記載してあります。

[レシピについて]

- ▸ 商品名とパーツ名は、基本的に取材店の表記に準じています。
- ▸ 材料欄に記載している「使用する型」は、複数のパーツを組み立てて仕上げる際に使う型のことで、各パーツの仕込みに使う型や、生地のぬき型ではありません（それらはレシピ中に記載してあります）。菓子のでき上がりのサイズの目安にしてください。
- ▸ 型のサイズは各店で使用している型の実寸です。
- ▸ ミキサーで撹拌する際は、途中で適宜撹拌を止め、ミキサーボウルの内側側面に付いた材料をはらってください。
- ▸ ミキサーの速度や撹拌時間、オーブンの温度や焼成時間などはあくまでも目安です。機種や生地の状態などに応じて適宜調整してください。
- ▸ デッキオーブン（平窯）を使用する場合は、「上火」「下火」の温度を記載しています。ただし、デッキオーブンを使用する場合でも、「○○℃」とだけ記載しているケースがあります。その場合は、その温度を目安に「上火」「下火」を調整してください。
- ▸ 室温の目安は20〜25℃です。

CHAPTER 1

有名店・実力シェフの
スタイル

日本のパティスリー業界を牽引する有名店や実力シェフにフォーカス。長年、感性を養い、技術を磨いたパティシエだからこそ、自身のスタイルが確立されており、その独自性は商品設計のさまざまな部分に見てとれます。"つくり手らしさ"が前面に打ち出された、トレンドに左右されない普遍的な魅力を備えたプチガトー10品を紹介します。

à tes souhaits!
[アテスウェイ]

プラリネ・パンプルムース

グレープフルーツ × プラリネ

オーナーシェフ
川村英樹さん

2色の生のグレープフルーツを使い分けたコンフィチュールとマルムラードを組み込み、クリアな味わいと鮮やかな色彩を生み出した。ポイントは、グレープフルーツの風味と、キャラメリゼせずにつくったプラリネのやさしく、深みのある味とのマリアージュ。グレープフルーツの苦みがほどよく中和され、みずみずしく、さわやかな余韻が心地よく広がる。メリハリとバランスを重視し、また素材に対する意識も高い川村英樹さん。素材を吟味するのはもちろん、ピュレやプラリネも極力手づくりして素材のポテンシャルを存分に引き出している。

材料

使用する型：33×24×高さ4cmのカードル（1台約35個分）

▶ **ピンクグレープフルーツのコンポート**
（つくりやすい分量）

- 水…1000g
- グラニュー糖…500g
- バニラビーンズ…2本
- ピンクグレープフルーツ…6〜7個

▶ **ピンクグレープフルーツのコンフィチュール**
（つくりやすい分量・カードル1台200g使用）

- ピンクグレープフルーツのコンポートの果肉…上記より530g
- ピンクグレープフルーツのコンポートのシロップ…上記より53g
- グラニュー糖…42.4g
- NHペクチン…9.5g

▶ **グレープフルーツのマルムラッド**
（つくりやすい分量・カードル1台290g使用）

- ゆでたグレープフルーツ（P.170）…1000g
- グラニュー糖A…150g
- グラニュー糖B…150g
- NHペクチン…10g
- グレープフルーツの濃縮ピュレ…500g

▶ **グレープフルーツのダックワーズ**
（60×40cmの天板2枚分・約35個分）

- 卵白…800g
- グラニュー糖…240g
- アーモンドパウダー…600g
- 粉糖…275g
- 薄力粉…120g
- グレープフルーツの皮…2個分

▶ **ジャンドゥーヤのクリーム**
（つくりやすい分量・カードル1台600g使用）

- 牛乳…230g
- 卵黄…69g
- グラニュー糖…17g
- 板ゼラチン…4.4g
- ミルクチョコレート（カカオ分38％）…22g
- ジャンドゥーヤ…288g

▶ **グレープフルーツのムース**
（約35個分）

- 牛乳…149g
- 卵黄…80g
- グラニュー糖…60g
- 板ゼラチン…11.4g
- グレープフルーツの濃縮ピュレ…65g
- グレープフルーツの皮…1.1g
- クレーム・シャンティイ*…298g

＊生クリーム（乳脂肪分38％）を10％加糖で6分立てにする

▶ **アーモンドのプラリネのババロワ**
（約35個分）

- アーモンドのプラリネ…でき上がりより164g
  - アーモンド（シチリア産／皮なし）…100g
  - グラニュー糖…50g
  - 粉糖…50g
- 生クリームA（乳脂肪分35％）…126g
- 牛乳…126g
- 卵黄…60g
- グラニュー糖…63g
- 板ゼラチン…9.6g
- 生クリームB（乳脂肪分35％）…173g

▶ **組立て・仕上げ**
（約35個分）

- アーモンドのキャラメリゼ（P.170）…70g
- グロゼイユ…適量
- ナパージュ・ヌートル…適量
- 金箔…適量

①ピンクグレープフルーツのコンフィチュール
②グレープフルーツのムース
③ジャンドゥーヤのクリーム
④グレープフルーツのマルムラッド
⑤グレープフルーツのダックワーズ
⑥アーモンドのプラリネのババロワ
⑦アーモンドのキャラメリゼ

つくり方

ピンクグレープフルーツのコンポート

① 鍋に水、グラニュー糖、バニラビーンズを入れ、火にかけて沸騰させる。
② ピンクグレープフルーツは皮をむき、果肉を小房に切り分けて取り出す。果肉を①に加えて弱火で軽く火を入れる。
③ 鍋を火からおろし、そのまま室温にしばらくおいて粗熱をとる。冷蔵庫に1晩おく。使用する前にバニラビーンズのサヤを取り除き、漉して果肉（Ⓐ）とシロップに分ける。

ピンクグレープフルーツのコンフィチュール

下準備：グラニュー糖とNHペクチンは混ぜ合わせる

① 鍋にピンクグレープフルーツのコンポートの果肉とシロップを入れ（**A**）、火にかけて40℃になるまで温める。
② 合わせたグラニュー糖とNHペクチンを加え、泡立て器で混ぜる（**B**）。強火にして、泡立て器で果肉をざっとつぶしながら加熱する（**C**）。ボコボコと大きな気泡が浮くようになり、少し煮詰まればOK。
③ ロボクープに移して粗く粉砕し（**D**）、ボウルに移す。底に氷水をあてて、しっかりと冷やす。

グレープフルーツのマルムラッド

下準備：グラニュー糖BとNHペクチンは混ぜ合わせる

① ゆでたグレープフルーツ（**A**）をロボクープに入れて粉砕し、ピュレ状にする（**B**）。
② ①を鍋に移し、グラニュー糖Aを加えて強火にかけ、木ベラで混ぜながら40℃になるまで加熱する。合わせたグラニュー糖BとNHペクチンを加え、混ぜながら強火で加熱を続け、写真（**C**）のように透明感ととろみが出たら火からおろす。
③ グレープフルーツの濃縮ピュレを加え混ぜ（**D**）、火にかけてさっと火を入れる。ボウルに移し、底に氷水をあててしっかりと冷やす。

POINT
→ マルムラッドとコンフィチュールは、生のフルーツから自店でつくることで、味もテクスチャーも自分の好みに調整できる。香りもよく、その持続性が高いのもメリット。天然の色合いも魅力だ。

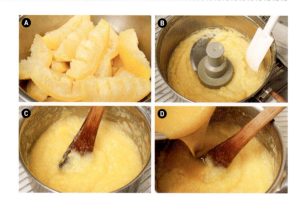

グレープフルーツのダックワーズ

下準備：グレープフルーツの皮はすりおろす

① ミキサーボウルに卵白とグラニュー糖を入れ、高速でしっかりと泡立てる。アーモンドパウダー、粉糖、薄力粉、すりおろしたグレープフルーツの皮を加え、ゴムベラで粉けがなくなるまで混ぜる。
② 60×40cmの天板2枚にシルパットを敷き、①を1000gずつ流してパレットナイフでのばす。粉糖（分量外）をまんべんなく茶漉しでふり、ダンパーを開けた180℃のコンベクションオーブンで約10分焼く。
③ 室温にしばらくおいて粗熱をとる。それぞれシルパットをはがして端を切り落とし、33×24cmに切る（**A**／残りの生地は余り）。

ジャンドゥーヤのクリーム

下準備：板ゼラチンは冷水でもどす／ミルクチョコレートとジャンドゥーヤはそれぞれ溶かす

① 鍋に牛乳を入れて火にかけ、軽く沸騰させる。
② ボウルに卵黄とグラニュー糖を入れ、泡立て器ですり混ぜる。
③ ①の少量を②に加え混ぜ、①の鍋に戻し入れる（**A**）。強めの中火にかけ、泡立て器で混ぜながら82℃になるまで加熱し、火からおろす。白っぽい色から黄色っぽく変わり、写真（**B**）のようにポコッと大きな気泡が浮くようになったら火からおろすタイミング。
④ もどした板ゼラチンを加え、泡立て器で混ぜ溶かす。
⑤ ボウルに溶かしたミルクチョコレートとジャンドゥーヤを入れ、④を加える。泡立て器でやさしく混ぜ（**C**）、さらにスティックミキサーに持ち替えて混ぜ、しっかりと乳化させる（**D**）。
⑥ 底に氷水をあてて、ゴムベラで混ぜながら30℃になるまで冷ます。

(材料) 使用する型：直径7.5×高さ1.5cmのセルクル

▸ **パート・シュクレ**
（20個分）

バター…162g
粉糖…108g
アーモンドパウダー…36g
全卵…54g
薄力粉…270g

▸ **イチゴのコンポート**
（10個分）

イチゴ（冷凍／ボワロン）…350g
グラニュー糖A…50g
ペクチン…3.5g
グラニュー糖B…50g
板ゼラチン…5g

▸ **イチゴとチョコレートのムース**
（32個分）

イチゴピュレ…110g
生クリームA（乳脂肪分35％）…60g
バター…15g
卵黄…30g
グラニュー糖…30g
ダークチョコレート
（ヴァローナ「マンジャリ」／カカオ分64％）…95g
ミルクチョコレート
（ヴァローナ「ジヴァラ・ラクテ」／カカオ分40％）…57g
生クリームB（乳脂肪分35％）…335g

▸ **イチゴのガナッシュ**
（15個分）

生クリーム（乳脂肪分35％）…135g
トレモリン（転化糖）…36g
ダークチョコレート
（ヴァローナ「マンジャリ」／カカオ分64％）…59g
バター…225g
イチゴのオー・ド・ヴィ…17g

▸ **イチゴのクレーム・シャンティイ**
（つくりやすい分量）

生クリーム（乳脂肪分40％）…75g
イチゴピュレ…15g
粉糖…7g

▸ **組立て・仕上げ**

ナパージュ・ヌートル…適量
エディブルフラワー…適量

①イチゴのクレーム・シャンティイ
②イチゴのコンポート
③イチゴとチョコレートのムース
④イチゴのガナッシュ
⑤パート・シュクレ

(つくり方)

パート・シュクレ

下準備：全卵は室温にもどして溶きほぐす

① ミキサーボウルにバターと粉糖を入れ、ビーターで低速で混ぜる。全体がなじんだらアーモンドパウダーを加え（Ⓐ）、低速で混ぜる。
② 溶きほぐした全卵を5〜6回に分けて加え、そのつど低速で撹拌してしっかりと乳化させる（Ⓑ）。
③ 薄力粉を加え、粉けがなくなるまで断続的に撹拌する。写真（Ⓒ）は混ぜ終わり。
④ ③をバットに移し、カードで薄くのばす。ラップを密着させ、手で押して平らにならす（Ⓓ）。冷蔵庫に1晩おく。
⑤ ④を作業台に取り出して手で少しもみ、しなやかな状態になったら四角く形をととのえる。軽く打ち粉（分量外）をふり、90度ずつ向きを変えながら3回ほどパイシーターにとおして厚さ2.25mmにのばす（Ⓔ）。
⑥ 麺棒で巻き取り（Ⓕ）、天板にのせる。冷蔵庫に30分ほどおき、少し固めの扱いやすい状態にする。

［工程⑦以降は次頁↓］

⑦ 直径8.5cmの円形に型ぬきして、シルパットを敷いた天板に並べる（**G**）。170℃のコンベクションオーブンで10〜12分焼く。そのまま室温にしばらくおいて冷ます（**H**）。

POINT
→ 水分（全卵）を加える前にアーモンドパウダーを混ぜておくと、乳化しやすくなる。ただし、混ぜすぎると油脂分が出てくるのでさっと混ぜること。
→ 全卵は一度に大量にバターと合わせると分離してしまう。また、卵は冷たいと混ざりにくく乳化させづらくなり、温かすぎるとバターが溶けてしまうので、事前に室温にもどしておく。

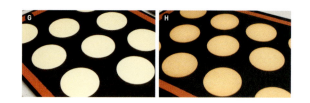

イチゴのコンポート

下準備：ペクチンとグラニュー糖Bは混ぜ合わせる／板ゼラチンは冷水でもどす

① ボウルにイチゴを入れ、グラニュー糖Aをまぶす。ラップをかけて冷蔵庫に1晩おく。
② ①をボウルごと軽く沸騰させた湯に浸し、1時間湯煎にする。果汁が充分にしみ出し、やわらかくなればOK。写真（**A**）は湯煎後。
③ 網に移し（**B**）、上から実を押しつぶさずにそのまましばらくおいてシロップと実に分ける。実は縦半分に切る（**C**）。
④ 銅鍋に③のシロップを入れて中火にかける。沸騰したら、合わせたペクチンとグラニュー糖Bを少しずつ加えながら泡立て器で混ぜる。加え終えたらゴムベラで約30秒混ぜる（**D**）。
⑤ ③の実を加える。ゴムベラで混ぜながら加熱を続け、沸騰したら約1分煮詰めて火を止める。もどした板ゼラチンを加え（**E**）、ゴムベラで混ぜ溶かす。ボウルに移す。
⑥ 直径7.5×高さ1.5cmのセルクルの底にラップを敷き、ピンと張らせてセルクルの外側側面に沿わせ、輪ゴムでとめる。これをプラックに並べ、⑤を35gずつ（実は6切れずつが目安）入れ（**F**）、ショックフリーザーで冷やし固める。

POINT
→ イチゴは、水分を加えず、果肉とその果汁を生かしてコンポートに加工。「イチゴはどうしても味がぼやけやすい。そこで味や色を薄めない、比較的ストレートな使い方をしました」（金子さん）。

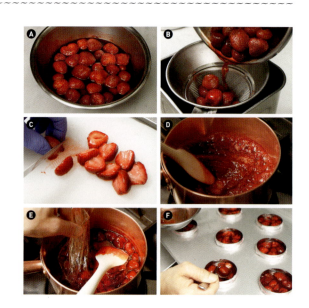

イチゴとチョコレートのムース

下準備：ダークチョコレートとミルクチョコレートは合わせて半分程度溶かす／生クリームBは6分立てにする

① 銅鍋にイチゴピュレ、生クリームA、バターを入れて火にかけ、ゴムベラで混ぜながら沸騰させる（**A**）。
② ①の作業と並行して、ボウルに卵黄とグラニュー糖を入れて泡立て器で軽くすり混ぜる。
③ ①の1/3量を②に加えて泡立て器で混ぜる（**B**）。これを①の鍋に戻し、弱火にかけて82〜83℃になるまでゴムベラで混ぜながら炊く（**C**）。
④ 合わせて半分程度溶かした2種類のチョコレートに③を網で漉して加え（**D**）、泡立て器で中心から外側へと徐々に広げるようにして混ぜる（**E**）。
⑤ ④を高さのある容器に移し、スティックミキサーで撹拌する（**F**）。しっかりと乳化し、つやが出たらボウルに移す。

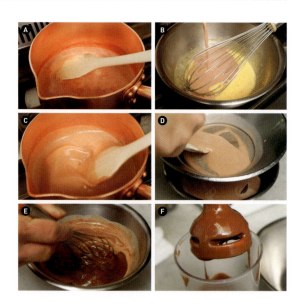

⑥ 6分立てにした生クリームBの1/4量を⑤に加え、泡立て器でよく混ぜる。これを残りの生クリームBが入ったボウルに戻し、泡立て器ですくうようにして混ぜる。ゴムベラに持ち替えて均一な状態になるまで混ぜる。写真（G）は混ぜ終わり。
⑦ ⑥を丸口金を付けた絞り袋に入れ、イチゴのコンポートを入れたセルクルに外側から内側へと渦巻き状に20gずつ絞る（H）。セルクルごと作業台に軽く打ちつけて表面を平らにならし、ショックフリーザーで冷やし固める。

~~~~~~

イチゴのガナッシュ

下準備：ダークチョコレートは半分程度溶かす／バターはポマード状にする

① 鍋に生クリームとトレモリンを入れて火にかけ、沸騰させる。これを半分程度溶かしたダークチョコレートに加え（A）、泡立て器で中心から外側へと徐々に広げるようにして混ぜ、乳化させる。
② ①を高さのある容器に移す。スティックミキサーで撹拌し、しっかりと乳化させ、つやのある状態にする。
③ ポマード状にしたバターを加え（B）、ゴムベラでざっと混ぜる。スティックミキサーに持ち替えて撹拌し、しっかりと乳化させ、つやのある状態にする。
④ イチゴのオー・ド・ヴィを加え、③と同様にしてしっかりと乳化させ、つやのある状態にする。ボウルに移す（C）。
⑤ コンポートとムースを入れたセルクルに④を20gずつのせ、パレットナイフで平らにならす（D）。ショックフリーザーで冷やし固める。

POINT
→ イチゴのガナッシュは固まりやすく、また、さわりすぎると分離してしまうため、セルクルの中央にのせたら手ばやく外側へと広げる。組立て時に逆さまにするので、きれいにならすことを強く意識しなくてOK。
→ プチガトー全体の味に深みを出しながらも、重くなりすぎないように、ガナッシュの層はごく薄くする。

~~~~~~

イチゴのクレーム・シャンティイ

① ボウルに生クリーム、イチゴピュレ、粉糖を入れ、クネル形にできる程度の固さになるまで泡立てる（A）。写真（B）は混ぜ終わり。

~~~~~~

組立て・仕上げ

① ラップを敷いたバットにパート・シュクレを焼き面を上にして並べ、カカオバター（分量外）をスプレーで吹き付ける（A）。
② コンポートとムースとガナッシュを層にしたセルクルの底のラップをはがし（B）、コンポートの面にナパージュ・ヌートルをパレットナイフで薄くぬる。側面を手で軽く温めてセルクルをはずし、①の上にのせる（C）。
③ 軽く温めたスプーンでイチゴのクレーム・シャンティイをクネル形にし、②にのせる。エディブルフラワーを飾る（D）。

No. 03

Pâtisserie
LA VIE DOUCE
［パティスリー ラ・ヴィ・ドゥース］

シャルトリューズ

薬草酒 × フランボワーズ

オーナーシェフ
堀江 新さん

「A＋B＝Cの味を表現するのがフランス菓子」と堀江新さん。薬草酒（シャルトリューズ）とフランボワーズという2つの素材を用いて、薬草酒の爽快感とベリーの酸味がマッチした新たな風味を打ち出した。薬草酒はムースに、フランボワーズはジュレに仕立てて、それぞれ素材感を強調。また、味に深みを出すために隠し味としてミルクチョコレートのガナッシュをプラスした。春の野原とシャルトリューズの緑色からイメージを膨らませたというデザインも、さわやかさを演出する。

グレープフルーツのムース

下準備：板ゼラチンは冷水でもどす／グレープフルーツの皮はすりおろす

① ジャンドゥーヤのクリームの工程①〜④と同様の作業を行う。網で漉してボウルに移し、底に氷水をあててゴムベラで混ぜながら30℃になるまで冷ます。
② グレープフルーツの濃縮ピュレとすりおろしたグレープフルーツの皮を加え混ぜ（**A**）、底に氷水をあてて混ぜながら25℃まで冷ます。
③ 別のボウルにクレーム・シャンティイを入れ、②を加えながら泡立て器ですくい上げるようにして混ぜる（**B**）。

アーモンドのプラリネのババロワ

下準備：板ゼラチンは冷水でもどす

① アーモンドのプラリネをつくる。アーモンドを苦みが出ない程度にしっかりとローストして冷ます。これにグラニュー糖をざっとからめ（**A**）、ロボクープに移して少し油脂分が出てしっとり感のあるペースト状になるまで粉砕する（**B**）。
② 粉糖を加え、ふたたびロボクープでやわらかく、なめらかなペースト状になるまで粉砕したら、アーモンドプラリネの完成（**C**）。
③ 鍋に生クリームAと牛乳を入れ、ジャンドゥーヤのクリームの工程①〜④と同様の作業を行う。
④ ボウルに②を入れ、③を少量加えて泡立て器で混ぜる。残りの③の1/3量を加え、泡立て器でよく混ぜてしっかりと乳化させる（**D**）。残りの③を2回に分けて加え、そのつどよく混ぜる。
⑤ スティックミキサーで撹拌し、しっかりと乳化させる。底に氷水をあてて、ゴムベラで混ぜながら25℃になるまで冷ます（**E**）。
⑥ 別のボウルに生クリームBを入れて8分立てにする。これに⑤を加えて泡立て器で混ぜる（**F**）。

POINT
→ プラリネはキャラメリゼせず、苦みのない、アーモンドミルクのような味に仕上げると、グレープフルーツの酸味や苦みにマッチし、うまく調和する。

組立て・仕上げ

① 33×24×高さ4cmのカードルの底にラップをピンと張り、プラックにのせる。ピンクグレープフルーツのコンフィチュール200gを入れ、パレットナイフで薄くのばす（**A**）。多少まだらな状態でもOK。ショックフリーザーで冷凍する（冷凍方法は以下同）。
② グレープフルーツのダックワーズ2枚を焼き面を下にして作業台に置き、グレープフルーツのマルムラッドを145gずつのせ、パレットナイフで平らにならす（**B**）。冷凍する。
③ ②の1枚をマルムラッドをぬった面を上にして作業台に置き、ジャンドゥーヤのクリーム300gをのせ、平らにならす（**C**）。冷凍する。
④ ②のもう1枚を③と同様にして作業台に置き、ジャンドゥーヤのクリーム150g、アーモンドのキャラメリゼ、ジャンドゥーヤのクリーム150gを順にのせ、そのつど平らにならす（**D** & **E**）。冷凍する。
⑤ ①のカードルにグレープフルーツのムースを入れ、平らにならす（**F**）。③をダックワーズの面を上にして重ね、手のひらで押さえて密着させる（**G**）。冷凍する。
⑥ ⑤のカードルにアーモンドのプラリネのババロワを入れ（**H**）、平らにならす。④をダックワーズの面を上にして重ね、手のひらで押さえて密着させる。ラップをかけて冷凍する。
⑦ 型をはずして裏返し、ラップをはがしてコンフィチュールの面にナパージュ・ヌートルをぬり、10×2.3cmに切り分ける。グロゼイユをのせ、その上にナパージュ・ヌートルを絞って金箔を接着する。

POINT
→ いったん冷凍した生地にジャンドゥーヤのクリームをぬる。クリームはぬっている間に冷えて締まるため、カードルを使わなくても流れにくい。

Paris S'éveille
[パリセヴェイユ]

タンタシオン・フレーズ

イチゴ × チョコレート

オーナーシェフ
金子美明さん

「果物を焼き込まず、みずみずしい状態でタルトにする」(金子美明さん)という発想から生まれた、宝石のような輝きを放つ「タンタシオン・フレーズ」。厚めのコンポートからイチゴのピュアな甘ずっぱさがほとばしり、ムース、ガナッシュ、パート・シュクレがそれを受け止め、見事に調和する。一般的なタルトに比べ、薄く平たいデザインのこのタルトは、味も食感も繊細で、なおかつ食後感は軽やか。自家製のコンポートならではのみずみずしい味わいも相まって、まるでデザートを思わせる仕立てだ。

(材料) 使用する型：直径7×高さ4.5cmの円柱形の型

▸ ビスキュイ・ダマンド
(つくりやすい分量・60×40cmの天板1枚分)

卵白…385g
グラニュー糖…110g
アーモンドパウダー…235g
粉糖…235g
中力粉…50g

▸ パート・ガレット・ブルトンヌ
(約100個分)

発酵バター…450g
粉糖…252g
加糖卵黄 (20％加糖)…108g
ラム酒 (バーディネ「ネグリタラム44°」)…54g
海塩 (ゲランド産)…4.5g
バニラエクストラクト…1.5g
バニラペースト…1.5g
薄力粉…450g
ベーキングパウダー…4.5g

▸ フランボワーズのジュレ (センター用)
(約20個分)

フランボワーズピュレ…428g
グラニュー糖…77g
スターチ (ジャガイモでんぷん)…18g
板ゼラチン…4g

▸ フランボワーズのジュレ (飾り用)
(約20個分)

フランボワーズピュレ…188g
グラニュー糖…34g
スターチ (ジャガイモでんぷん)…8g
板ゼラチン…1.7g

▸ ガナッシュ
(約20個分)

生クリーム (乳脂肪分35％)…143g
ミルクチョコレート
(ヴァローナ「ジヴァラ・ラクテ」／カカオ分40％)…88g

▸ シャルトリューズのムース
(約20個分)

牛乳…455g
グラニュー糖…82g
加糖卵黄 (20％加糖)…126g
板ゼラチン…13g
シャルトリューズ (ヴェール)…82g
生クリーム (乳脂肪分35％)…391g

▸ パータ・グラッセ
(約20個分)

パータ・グラッセ (ホワイト)…300g
サラダ油…30g
ローストしたアーモンドダイス…50g

▸ 組立て・仕上げ

クレーム・シャンティイ (P.170)…適量
ピストレ用ホワイトチョコレート (緑)…適量
ナパージュ・ミックス (P.170)…適量
フランボワーズ…適量
ナパージュ・ヌートル…適量
飾り用ホワイトチョコレート (円形)…適量

① クレーム・シャンティイ
② フランボワーズ
③ フランボワーズのジュレ
④ ビスキュイ・ダマンド
⑤ シャルトリューズのムース
⑥ ガナッシュ
⑦ パート・ガレット・ブルトンヌ

(つくり方)

ビスキュイ・ダマンド

下準備：アーモンドパウダー、粉糖、中力粉は合わせてふるう

① ミキサーボウルに卵白とグラニュー糖を入れ、ホイッパーで中速で撹拌する。ある程度泡立ったら高速に切り替え、つやがあり、すくうと角がピンと立つ状態になるまで、しっかりと泡立てる。
② ボウルに残りの材料をすべて入れ、手でよくすり合わせる。
③ ①に②を数回に分けて加え、そのつどゴムベラで混ぜ合わせる。これをオーブンシートを敷いた60×40cmの天板に1000g流し、パレットナイフで平らにならす。200℃のコンベクションオーブンで約15分焼き、室温にしばらくおいて粗熱をとる。写真 (Ⓐ) は焼き上がり。オーブンシートをはがし、3.5cm角に切り分ける。

パート・ガレット・ブルトンヌ

下準備：発酵バターは電子レンジで軽く温めてやわらかくする／加糖卵黄は冷たい場合は湯煎にして20℃程度に温める／薄力粉とベーキングパウダーは合わせてふるう

① ミキサーボウルにやわらかくした発酵バターを入れ、ビーターで撹拌してポマード状にする。粉糖と加糖卵黄を加え混ぜ、ラム酒を加えてしっかりと乳化するまで撹拌する。
② 海塩、バニラエクストラクト、バニラペーストを加え混ぜ、合わせた薄力粉とベーキングパウダーを加え、均一な状態になるまで撹拌する。ひとまとめにしてプラックに移し、ざっと平らにならす。ラップを密着させ、冷蔵庫に1晩おく。
③ ②に打ち粉(分量外)をふり、作業台の上で軽くもむ。冷蔵庫で少し休ませる。
④ パイシーターで厚さ3mmにのばし、オーブンシートを敷いた天板にのせて冷蔵庫で休ませる。
⑤ 直径5cmの円形に型ぬきし、オーブンシートを敷いた天板に並べる(Ⓐ)。150℃のコンベクションオーブンで15〜20分焼き、室温にしばらくおいて粗熱をとる(Ⓑ)。

POINT
→ 材料を混ぜて冷蔵庫に1晩おいた生地は、成形前にもむ。もむことで適度に目の詰まった生地になる。

フランボワーズのジュレ (センター用)

下準備：グラニュー糖とスターチは混ぜ合わせる／板ゼラチンは冷水でもどす

① 鍋にフラボワーズピュレを入れて火にかけ、泡立て器で混ぜながら沸騰させる(Ⓐ)。
② ①を火からおろし、合わせたグラニュー糖とスターチを加え混ぜる(Ⓑ)。
③ ふたたび火にかけ、泡立て器で混ぜながら中火で炊く。
④ ③を火からおろし、もどした板ゼラチンを加え混ぜ溶かす(Ⓒ)。これをボウルに移し(Ⓓ)、底に氷水をあてながら泡立て器で混ぜ、粗熱をとる。

POINT
→ 材料を混ぜて炊くときは、「コシが抜けてから、もう少し炊く」(堀江さん)。炊きが甘いと、あとで離水してしまう。
→ 仕上げに氷水をあてて冷ますが、冷ましすぎは離水の原因になるので注意。

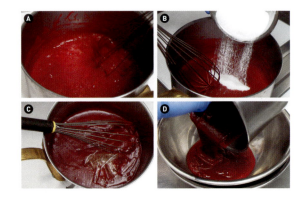

フランボワーズのジュレ (飾り用)

下準備：グラニュー糖とスターチは混ぜ合わせる／板ゼラチンは冷水でもどす

① フランボワーズのジュレ(センター用)の工程①〜④と同様にして仕込む。
② ①を絞り袋に入れ、口径38×高さ29mmのフレキシパンに均等に絞る。ショックフリーザーで冷やし固める。写真(Ⓐ)は冷やし固めた状態。

ガナッシュ

① 鍋に生クリームを入れ、沸騰直前(約90℃)まで加熱する。
② ボウルにミルクチョコレートを入れ、①をそそぐ(Ⓐ)。このとき①は少量を鍋に残す。少しおいてから泡立て器で混ぜ、乳化させる。
③ ②を少量ずつ数回に分けて(4回程度が目安)①の鍋に戻し入れ、そのつど泡立て器でよく混ぜて乳化させる(Ⓑ)。ボウルに移し、室温にしばらくおいて粗熱をとる。

シャルトリューズのムース

① 鍋に牛乳を入れて火にかけ、沸騰直前（約90℃）まで加熱する。
② ボウルにグラニュー糖と加糖卵黄を入れ、泡立て器ですり混ぜる。①の1/3量を加えてよく混ぜ（Ⓐ）、続いて残りの①を加え混ぜる。もどした板ゼラチンを加え（Ⓑ）、混ぜ溶かす。
③ ②を湯煎にして（湯は軽く沸いた状態を保つ）、ゴムベラで混ぜながら82〜84℃になるまで加熱する。
④ ③のボウルの底に氷水をあててゴムベラで混ぜる。粗熱がとれたらシャルトリューズを加え（Ⓒ）、底に氷水をあててゴムベラで混ぜながら約16℃になるまで冷ます。
⑤ 別のボウルに生クリームを入れて7分立てにし、④を加えてゴムベラで混ぜ合わせる（Ⓓ）。

POINT
→ シャルトリューズは香りがとばないように、クリームを炊いて粗熱をとってから加える。

パータ・グラッセ

① ボウルにパータ・グラッセを入れて湯煎にして溶かし、湯煎にしたままサラダ油とローストしたアーモンドダイスを順に加え（Ⓐ）、そのつどゴムベラで混ぜる。写真（Ⓑ）は混ぜ終わり。

組立て・仕上げ

下準備：ナパージュ・ミックスは温める

① プラックに口径51×高さ29mmのフレキシパンをのせ、ビスキュイ・ダマンドを1枚ずつ焼き面を下にして入れる。
② フランボワーズのジュレ（センター用）を丸口金を付けた絞り袋に入れ、①の上から25gずつ絞る（Ⓐ）。プラックごと作業台に軽く打ちつけ、表面をざっと平らにならす。
③ ②にビスキュイ・ダマンドを1枚ずつ焼き面を下にして入れ、指で軽く押さえて密着させる（Ⓑ）。ショックフリーザーで冷やし固める。
④ ガナッシュを絞り袋に入れ、③の上から10gずつ絞る（Ⓒ）。ショックフリーザーで冷やし固める。
⑤ プラックにオーブンシートを敷き、パート・ガレット・ブルトンヌを並べる。クレーム・シャンティイを絞り袋に入れ、中央に少量ずつ絞る（接着用）。
⑥ ⑤に④をガナッシュの面を下にしてのせ、軽く押して接着する（Ⓓ）。
⑦ シャルトリューズのムースを丸口金を付けた絞り袋に入れ、直径7×高さ4.5cmの円柱形の型に半分くらいの高さまで絞り入れる（Ⓔ）。
⑧ ⑥を上下を返して⑦に入れ（Ⓕ）、指で押して型の高さまで沈める。このとき、⑥を横にまわしながら入れると、空気が入りにくい。パレットナイフで余分なムースを取り除き、平らにならす（Ⓖ）。ショックフリーザーで冷やし固める。
⑨ ⑧を型からはずし、表面に緑色に着色したホワイトチョコレートをピストレがける（Ⓗ）。ショックフリーザーで冷やし固める。
⑩ ⑨の上面中央にフォークを刺して持ち上げ、湯煎にした状態のパータ・グラッセに下半分を浸す（Ⓘ）。フォークごと引き上げ、余分なパータ・グラッセをボウルの縁などでぬぐう。
⑪ フランボワーズのジュレ（飾り用）をフォークにのせ、ナパージュ・ミックスに浸す。これを⑩の上面中央にのせる。
⑫ クレーム・シャンティイを星口金を付けた絞り袋に入れ、⑪の上面のジュレの周囲に1周絞り、継ぎ目の上に小さく丸く絞る（Ⓙ）。フランボワーズを逆さまにしてのせ、そのくぼみにナパージュ・ヌートルを雫のようにコルネで絞る。円形のホワイトチョコレートを飾る。

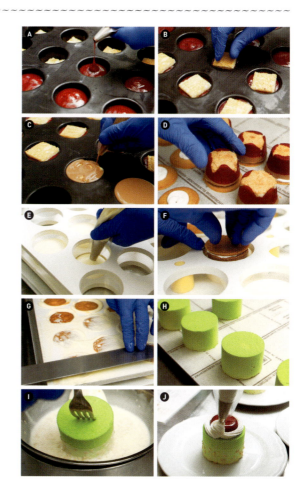

pâtisserie
Sadaharu AOKI paris
[パティスリー・サダハル・アオキ・パリ]

コート・ディボワール

パッションフルーツ×ナッツ×ホワイトチョコレート

オーナーシェフ
青木定治さん

避暑地で食べたくなるようなインパクトのある味わいをイメージした1品。パッションフルーツのクレムー、ホワイトチョコレートのクリーム、ココナッツのビスキュイというシンプルな構成で、素材の魅力とマリアージュの妙をくっきりと打ち出した。パッションフルーツのさわやかな酸味を、ローストしたココナッツのこうばしさが追いかけ、両者をホワイトチョコレートがまろやかに包み込む。青木定治さんの菓子づくりは、"素材ありき"。
「素材からお菓子を発想し、シンプルを心がけ、素材の本質的なおいしさを損なうことなくお菓子に生かしたい」と語る。

〔 材料 〕

使用する型：58×38×高さ3cmのカードル（1台約57個分）

▸ **ココナッツのビスキュイ**
（58×38cmのカードル1台分・約57個分）

- ココナッツファイン…350g
- 薄力粉…200g
- ベーキングパウダー…12g
- グラニュー糖…285g
- 全卵…350g
- 牛乳…350g
- トレモリン（転化糖）…225g
- 澄ましバター…300g

▸ **パッションフルーツのクレムー**
（約57個分）

- パッションフルーツピュレ…1154g
- グラニュー糖…288g
- 全卵…433g
- 卵黄…346g
- 粉ゼラチン…17.7g
- 水…106.3g
- バター…433g

▸ **イヴォワールのクリーム**
（約57個分）

- 生クリームA（乳脂肪分40％）…243g
- 牛乳…243g
- 卵黄…97g
- 粉ゼラチン…12g
- 水…72g
- ホワイトチョコレート（ドモーリ「ビアンコ」）…973g
- 生クリームB（乳脂肪分40％）…876g

▸ **組立て・仕上げ**

- ピストレ用ホワイトチョコレート（P.170）…適量
- 飾り用ホワイトチョコレート（P.170）…適量

①ホワイトチョコレート
②イヴォワールのクリーム
③パッションフルーツのクレムー
④ココナッツのビスキュイ

〔 つくり方 〕

ココナッツのビスキュイ

下準備：薄力粉とベーキングパウダーは室温にもどし、合わせてふるう／ココナッツファイン、グラニュー糖、牛乳、澄ましバターはそれぞれ室温にもどす／全卵は室温にもどし、溶きほぐす／トレモリンは少し温めてやわらかくする

① 58×38cmのカードルの内側にサラダ油（分量外）をぬり、オーブンシートを敷いた60×40cmの天板の上に置く（Ⓐ）。

② ココナッツファインをオーブンシートを敷いた天板に広げ、色づいて香りが立つまでオーブンでローストする。室温において粗熱をとる。写真（Ⓑ）はロースト後。

③ ボウルに②、合わせた薄力粉とベーキングパウダー、グラニュー糖を入れ、泡立て器でよく混ぜる（Ⓒ）。

④ ③に全卵、牛乳、やわらかくしたトレモリンを加え、グルテンが形成されないように注意しながら、泡立て器で中心から外側に向かって円を描くようにして、やさしく、さっくりと混ぜる（Ⓓ）。

⑤ ④に澄ましバターを加えて泡立て器でなじませ（Ⓔ）、生地がしっかりとつながるまで混ぜる。分離しないよう、混ぜ終わりの温度は30℃が目安。

⑥ ①のカードルに⑤を流して広げる（Ⓕ）。カードルがずれないように指で押さえながら両手で天板を持ち上げる。天板を奥、左、手前、右と順に傾け（カードル内の生地で円を描くようなイメージ）、これを2回行って生地をまんべんなく行きわたらせ、平らにならす（Ⓖ）。

⑦ 160℃のコンベクションオーブンで約20分焼き、中までしっかりと火を入れる。室温にしばらくおいて粗熱をとる。

⑧ カードルと生地の間にペティナイフをさし込んでカードルをはずす（Ⓗ）。オーブンシートをはがし、冷凍する。

POINT
→ ココナッツファインはしっかりとローストして食感と風味を引き出す

パッションフルーツのクレムー

下準備：粉ゼラチンは分量の水と合わせてふやかす／バターはポマード状にして20℃に調整する

① 鍋にパッションフルーツピュレを入れ、強火にかける。グラニュー糖を半量加え、泡立て器で混ぜながら沸騰させる（**A**）。
② ①の作業と並行して、ボウルに全卵と卵黄を入れ、残りのグラニュー糖を加えて泡立て器ですり混ぜる（**B**）。
③ ②に①の半量を加え混ぜ、①の鍋に戻す。中火にかけ、泡立て器で混ぜながら加熱する（**C**）。卵の分量が多く焦げやすいので、鍋底の隅まで泡立て器をあててしっかりと混ぜること。
④ 表面に浮かんだ細かい気泡が消え、中央から大きな気泡がブクブクと浮いてきたら火を止め、混ぜながら82℃に調整する（**D**）。ヘラですくって指で筋を引いたときに、筋がそのまま残る程度の固さが目安。
⑤ ふやかした粉ゼラチンを電子レンジで溶かし、④に加えて泡立て器で混ぜ合わせる。
⑥ 網で漉してボウルに移し（**E**）、底に氷水をあてて32～33℃になるまで混ぜながら冷ます。
⑦ 20℃に調整したバターを加え、スティックミキサーで撹拌して乳化させる（**F**）。

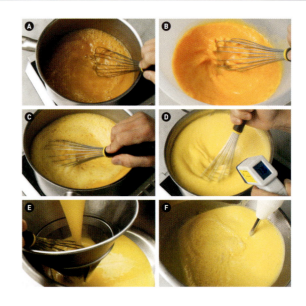

~~~~~~

イヴォワールのクリーム

下準備：粉ゼラチンは分量の水と合わせてふやかす／生クリームBは7分立てにする

① 鍋に生クリームAと牛乳を入れて火にかけ、沸騰させる。
② ボウルに卵黄を入れて溶きほぐし、①の半量を加えて泡立て器で混ぜ（**A**）、①の鍋に戻す（**B**）。中火にかけ、泡立て器で混ぜながら85℃になるまで加熱し、火からおろす。
③ ふやかした粉ゼラチンを電子レンジで溶かし、②に加えて泡立て器で混ぜ合わせる。
④ ホワイトチョコレートは半量を温めて溶かす。これと、残りの溶かしていないホワイトチョコレートをボウルに入れ、③を網で漉して加える（**C**）。
⑤ 泡立て器でゆっくりと混ぜて全体に液体を行きわたらせ、そのまましばらくおく。チョコレートが溶けて塊がなくなったら、泡立て器でよく混ぜて乳化させる（**D**）。
⑥ ⑤を38～39℃に調整し、7分立てにした生クリームBを加え（**E**）、泡立て器でやさしく混ぜ合わせる。ある程度混ざったら別のボウルに移し、均一に混ざるまでゴムベラで混ぜる。写真（**F**）のように、すくい上げると、とろみはあるが流れ落ちるくらいの固さが仕上がりの目安。

POINT
→ 材料を混ぜ合わせる際は温度に充分に注意を払い、きちんと乳化させる。少しでも分離すると、口あたりが悪くなってしまう。

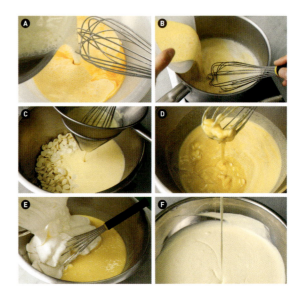

組立て・仕上げ

① オーブンシートを敷いた60×40cmのプラックにココナッツのビスキュイを焼き面を上にしてのせ、58×38×高さ3cmのカードルをはめる。

② ①にパッションフルーツのクレームを流し入れる（**A**）。カードルがずれないように指で押さえながら両手で天板を持ち、傾けてパッションフルーツのクレームを隅までまんべんなく行きわたらせ、揺すって平らにならす。ショックフリーザーで冷やし固める。

③ カードルと生地の間にペティナイフをさし込んでカードルをはずす。クトー・フロマージュ（チーズ用ナイフ）で58×9cmの帯状に4本に切り分ける（**B**）。それぞれ、ペティナイフを少し内側に傾けて切り口にすべらせ（生地側に入れ込む）、断面をきれいにととのえる（**C**）。

④ 60×40cmの天板にオーブンシートを敷いて58×38×高さ3cmのカードルをのせ、切り分けた③のうち3本（残りの1本は余り）を平行に並べる（**D**）。このとき、両端はカードルから2.5cmずつ、生地と生地の間は3cmずつあける。ショックフリーザーで冷やし固める。

⑤ ④にイヴォワールのクリームをカードルの縁いっぱいまで流し入れ（**E**）、カードで表面をざっと平らにならす。残りのイヴォワールのクリームは工程⑦で使うので、<u>室温</u>で取りおく。

⑥ 板（もしくは大きな定規など）を⑤の表面にすべらせ、余分なイヴォワールのクリームを落として平らにならす（**F**）。ショックフリーザーで冷やし固める。

⑦ 冷やし固めると表面が沈むので、その上にさらに残りのイヴォワールのクリームを流し、板（同）で表面を平らにならす。ショックフリーザーで冷やし固める。

⑧ バーナーでカードルをあぶってケーキを取り出す（**G**）。58×12cmの帯状にクトー・フロマージュで3本に切り分け、ペティナイフで側面を平らにならす（**H**）。

⑨ ホワイトチョコレートを上面と側面にピストレがけする（**I**）。

⑩ 12×3cmに切り分け（**J**）、飾り用ホワイトチョコレートをのせる。

POINT

→ カードル1台で仕込むこの製法は、大きさの異なる複数の型を使う必要がなく、いっぺんに複数個仕上がるうえ、端材が生まれにくくロスが少ないというメリットがある。「店をオープンしたばかりで調理道具があまりそろっていないころ、カードルを使って層を重ねる以外に面白い組立て方法はないかと考えて、思いついたのがこの製法です」（青木さん）。

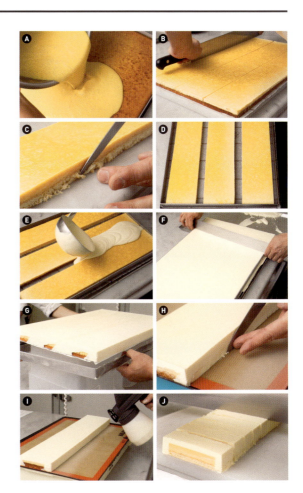

AU BON VIEUX TEMPS
［オーボンヴュータン］

ビジュー・ルージュ

グリオットチェリー × マスカルポーネチーズ × バルサミコ酢

オーナーシェフ
河田勝彦さん・**薫**さん

フランス語で「赤い宝石」を意味する、サクランボウをイメージした「ビジュー・ルージュ」は、
河田勝彦さんの長男・薫さんの作品。赤くつややかな球体は、口に入れるとグリオットチェリーのムースと
ソースが弾け、力強い果実味と酸味が鮮やかな余韻を残す。グリオットチェリーに合わせたバルサミコ酢が隠し味だ。
フランスで学んだデザートのテクニックやアイデアを応用するなどモダンなエッセンスを取り入れる一方で、
土台は王道のクラフティ。「伝統に根ざした菓子づくりは父・勝彦から受け継ぎ、守り続けていきます」（薫さん）。

材料

使用する型：長径10×短径4.5cmのバルケット型

▸ **グリオットチェリーのコンフィ**
(つくりやすい分量・1個3粒使用)

水…適量
グラニュー糖…適量
グリオットチェリー(冷凍)…適量

▸ **マスカルポーネチーズのクリーム**
(つくりやすい分量)

マスカルポーネチーズ…60g
生クリームA(乳脂肪分47％)…175g
生クリームB(乳脂肪分47％)…50g
グラニュー糖…23g
バニラビーンズ…1/2本
板ゼラチン…3/4枚

▸ **クラフティ**
(20個分)

薄力粉…37g
タン・プール・タン(P.170)…60g
塩…適量
全卵…1個
卵黄…7g
牛乳…50g
生クリーム(乳脂肪分47％)…166g
バター…5g

▸ **バルサミコとグリオットチェリーのソース**
(つくりやすい分量)

グリオットチェリーピュレ…100g
バルサミコ酢…100g

▸ **バルサミコ風味のグリオットチェリーのムース**
(約23個分)

グリオットチェリーピュレ…300g
グラニュー糖…76g
板ゼラチン…18g
バルサミコとグリオットチェリーのソースA…左記より20g
生クリーム(乳脂肪分47％)…162g
バルサミコとグリオットチェリーのソースB…左記より20g

▸ **アパレイユ・ピストレ**(コーティング用)
(つくりやすい分量)

ホワイトチョコレート…300g
カカオバター…300g
色素(赤)…適量

▸ **グリオットチェリーのジュレ**(コーティング用)
(つくりやすい分量)

グリオットチェリーのコンフィのシロップ…左記より100g
水…60g
グラニュー糖…20g
アガー…4g

▸ **組立て・仕上げ**

パート・シュクレ・オ・ザマンド(P.171)…適量
グリオットチェリーのコンフィ…左記より適量
キルシュ…適量
グロゼイユのジュレ(P.171)…適量
飾り用チョコレート(棒形／P.171)…適量
金箔…適量

① 金箔、チョコレート
② グリオットチェリーのジュレ
③ アパレイユ・ピストレ
④ バルサミコ風味のグリオットチェリーのムース
⑤ バルサミコとグリオットチェリーのソース
⑥ マスカルポーネチーズのクリーム
⑦ グロゼイユのジュレ
⑧ グリオットチェリーのコンフィ、クラフティ
⑨ パート・シュクレ・オ・ザマンド

つくり方

グリオットチェリーのコンフィ

① 鍋に水とグラニュー糖を入れて火にかけ、ボーメ20度になるまで煮詰める。
② グリオットチェリーを解凍し、①に浸して1晩おく。
③ 実とシロップに分け、シロップはグラニュー糖とともに鍋に入れて火にかける。沸騰したら火からおろし、実を戻し入れて1晩おく。この作業をさらに4～5回、ボーメ55度になるまでくり返す。組立て・仕上げの工程で実を使うときは、布巾にとって汁けをきる(Ⓐ)。

マスカルポーネチーズのクリーム

下準備：板ゼラチンは冷水でもどす

① ボウルにマスカルポーネチーズを入れ、生クリームAの1/4量を加えて、泡立て器でダマができないように混ぜ合わせる（A）。均一な状態になったら残りの生クリームAを加え、同様に混ぜ合わせる。
② 銅鍋に生クリームB、グラニュー糖、バニラビーンズを入れ、火にかける。沸騰したら火を止める。
③ ②にもどした板ゼラチンを加え（B）、泡立て器で混ぜ溶かし、バニラビーンズのサヤを取り除く。
④ ①に③を加えながら泡立て器で混ぜる（C）。写真（D）は混ぜ終わり。ラップを密着させ、冷蔵庫に1晩おく。

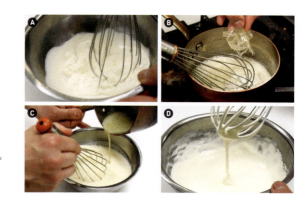

クラフティ

下準備：タン・プール・タンはふるう／バターは溶かす（熱々のうちに使用する）

① ボウルに薄力粉、タン・プール・タン、塩を入れ（A）、泡立て器でよく混ぜる。
② 別のボウルに全卵と卵黄、牛乳を入れて泡立て器で溶きほぐし、均一な状態になるまで混ぜる。生クリームを加え混ぜる。
③ ②の1/3量を①に加え、泡立て器で混ぜる（B）。残りの②を加え混ぜる。
④ 別のボウルに③の1/5量をとり、溶かした熱々のバターを少量ずつ加えながら泡立て器で混ぜる（C）。これを③に戻し、均一な状態になるまで混ぜる。写真（D）は混ぜ終わり。ラップをかけて冷蔵庫に1晩おく。

バルサミコとグリオットチェリーのソース

① 鍋にグリオットチェリーピュレと半量のバルサミコ酢を入れ、混ぜ合わせる。これを火にかけ、約100gになるまで煮詰める。
② 火からおろし、残りのバルサミコ酢を加え混ぜる。

バルサミコ風味のグリオットチェリーのムース

下準備：板ゼラチンは冷水でもどす／生クリームは5分立てにする

① 銅鍋にグリオットチェリーピュレとグラニュー糖を入れ、火にかける。沸騰したら火からおろし、もどした板ゼラチンを加えて混ぜ溶かす。ボウルに移してラップを密着させ、底に氷をあててとろみがつくまで冷ます（A）。
② ①にバルサミコとグリオットチェリーのソースAを加えて泡立て器で混ぜ、続いて5分立てにした生クリームを加えて均一な状態になるまで混ぜる（B）。
③ ②をデポジッターに入れ、直径3cmの半球形のフレキシパンに約8分目の高さまで均一に流す。ショックフリーザーで冷やし固める。
④ ③のうち半数の中央をスプーンなどで少しくりぬき（C）、バルサミコとグリオットチェリーのソースBを入れる（D）。
⑤ ③の残り（中央をくりぬいていないもの）を④にかぶせ（E）、真上から下側のムースの真ん中あたりに届くまで楊枝を刺す（F）。ショックフリーザーで冷やし固める。

アパレイユ・ピストレ（コーティング用）

① ホワイトチョコレートとカカオバターを合わせて溶かし、色素を加えて、スティックミキサーで混ぜる（**A**）。約40℃に調整する。
② 球状にしたバルサミコ風味のグリオットチェリーのムースを、楊枝を持って①に浸す（ただし、楊枝の周囲は浸さない。コーティング用のグリオットチェリーのジュレの工程②も同）。楊枝を持って持ち上げ、軽くふって余分な①を落とす（**B**）。固まったら、バットに立てて置き、ショックフリーザーに入れて保管する。

POINT
→ 楊枝の周囲にアパレイユ・ピストレが付くと、あとで楊枝が抜けなくなるので注意。

グリオットチェリーのジュレ（コーティング用）

下準備：グラニュー糖とアガーは混ぜ合わせる

① 銅鍋にすべての材料を入れて泡立て器で混ぜ（**A**）、火にかけて混ぜながら沸騰させる（**B**）。火からおろし、約50℃になるまで冷ます。
② アパレイユ・ピストレでコーティングしたバルサミコ風味のグリオットチェリーのムースを、楊枝を持って①に浸す（**C**）。楊枝を持って持ち上げ、余分な①を落とす。トレーなどに立てて置き（**D**）、そのまま室温にしばらくおいて固める。

POINT
→ ゼラチンではなくアガーを使うことで、透明感と保形性が高まる。
→ アパレイユ・ピストレ（チョコレート）が固まりきらないうちにジュレをかけると、アパレイユ・ピストレがベロリとむけてしまい、また、ジュレの温度が少しでも高いとチョコレートが溶けてしまうので注意。

組立て・仕上げ

① パート・シュクレ・オ・ザマンドを厚さ2mmにのばし、長径10×短径4.5cmのバルケット型に敷き込み、天板に並べる（**A**）。
② グリオットチェリーのコンフィを布巾にとって汁けをきり、①に3粒ずつ入れる（**B**）。クラフティをスプーンで混ぜて均一な状態にし、型の約8分目の高さまで流す（**C**）。
③ ②を上火・下火ともに175℃のデッキオーブンで20～30分焼く。焼き上がったらすぐにキルシュを刷毛でぬり（**D**）、そのまま室温にしばらくおいて冷ます。
④ ③の型をはずし、グロゼイユのジュレをコルネに入れて縁に1周絞る（**E**）。
⑤ マスカルポーネチーズのクリームを、写真（**F**）のようにとろりとしたやわらかな角が立つ状態になるまで泡立て器で泡立て、口径7mmの丸口金を付けた絞り袋に入れる。これを、④の上面に外側から中心に向かってしずく形に10個絞る（**G**）。
⑥ アパレイユ・ピストレとジュレでコーティングしたバルサミコ風味のグリオットチェリーのムースを、⑤の上に3個並べて、楊枝をまわして抜く。楊枝の跡に棒形のチョコレートを刺し（**H**）、先端に金箔を付ける。

Lilien Berg
[リリエンベルグ]

トロピッシュ

ヨーグルト × アプリコット × 柑橘類

オーナーシェフ
横溝春雄さん

つぶらな瞳のカエルが見上げる「トロピッシュ」は、ヨーグルトのムースとアプリコットのゼリーを、清見ミカンとブラッドオレンジのゼリーで包んだプチガトー。自店で搾った果汁や自家製コンポートを使ったゼリーのみずみずしい果実感が、ヨーグルトのさわやかな酸味と混じり合い、夏の暑さを忘れさせる1品だ。
「旬のフレッシュな素材を使って、その風味をシンプルに生かし、できる限りつくりたてを提供するのがうちの店のもち味」と横溝春雄さん。食べる人を笑顔に変える愛らしいデザインも、横溝さんならではの表現だ。

[材料] 使用する型：口径5.5×高さ5cmのボンブ型

▶ パート・サブレ
（つくりやすい分量）
バター…170g
ショートニング…30g
グラニュー糖…100g
全卵…1/2個（約30g）
バニラエクストラクト…少量
薄力粉…300g
ベーキングパウダー…3g
ホワイトチョコレート…適量

▶ オレンジのゼリー
（30個分）
清見ミカン果汁*…600g
ブラッドオレンジ果汁*…240g
グラニュー糖…100g
顆粒ゼラチン（新田ゼラチン「ニューシルバー」）…24g
ドライジン…12g
＊店で果実を搾ったもの

▶ アプリコットのゼリー
（40個分）
アプリコットのコンポート（P.171）…440g
水…275g
顆粒ゼラチン（新田ゼラチン「ニューシルバー」）…16g

▶ ヨーグルトのムース
（44個分）
クリームチーズ…160g
グラニュー糖…100g
レモン果汁*…40g
ハチミツ（ミカン）…100g
ヨーグルト
（小岩井乳業「小岩井生乳100％ヨーグルト」）…600g
顆粒ゼラチン（新田ゼラチン「ニューシルバー」）…32g
水…190g
生クリーム（乳脂肪分42％）…600g
＊店で果実を搾ったもの

▶ ジェノワーズ
（つくりやすい分量・直径18×高さ6cmの底付きの丸型2台分）
卵白…5個分（約195g）
グラニュー糖…160g
卵黄…5個分（約95g）
薄力粉…160g
生クリーム（乳脂肪分47％）…80g

▶ 組立て・仕上げ
アプリコットジャム…適量
粉糖…適量
マジパン細工（カエル形／P.171）…適量

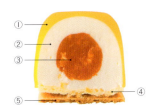

① オレンジのゼリー
② ヨーグルトのムース
③ アプリコットのゼリー
④ ジェノワーズ
⑤ パート・サブレ

~~~~~~

[つくり方]

パート・サブレ

下準備：バターはやわらかくする／全卵は溶きほぐす／薄力粉とベーキングパウダーは合わせてふるう／ホワイトチョコレートは溶かす

① ミキサーボウルにやわらかくしたバター、ショートニング、グラニュー糖を入れ、ビーターで中速で撹拌する。
② 溶きほぐした全卵を数回に分けて加え混ぜ、続けてバニラエクストラクトを加え混ぜる。合わせた薄力粉とベーキングパウダーを加え、断続的に撹拌して混ぜ合わせる。冷蔵庫に30分〜1時間おく。
③ ②を厚さ2mmにのばし、直径5.5cmの円形と約4.5×2cmの葉形に型ぬきする。シルパットを敷いた天板に並べ、160℃のコンベクションオーブンで15〜18分焼く。室温にしばらくおいて粗熱をとる。
④ 円形の③には上面に、葉形の③には底面に溶かしたホワイトチョコレートを薄くぬり、固まるまでそのまま室温におく。写真（Ⓐ）はホワイトチョコレートをぬった状態。

オレンジのゼリー

① 鍋に清見ミカンとブラッドオレンジの果汁を入れて火にかけ、72℃になるまで加熱する。
② ①にグラニュー糖と顆粒ゼラチンを順に加え、そのつど泡立て器で混ぜ溶かす。ドライジンを加え混ぜる。ボウルに移し、底に氷水をあてて固まりはじめる直前まで冷やす。
③ 口径5.5×高さ5cmのボンブ型に、②を7分目程度の高さまで流し入れる(**A**)。1個あたり33gが目安。
④ ③に口径5.1×高さ4.6cmのボンブ型(以下、中の型)をはめ(**B**)、あふれ出した余分なゼリー液を指でぬぐって取り除く(**C**)。
⑤ 中の型に氷水を適量入れ(**D**)、そのまま冷蔵庫で冷やし固める。氷水が重石代わりとなり、型が浮き上がるのを防げる。
⑥ 中の型の氷水を捨て、50〜60℃の湯を縁いっぱいまでそそぎ、すぐにこぼす(**E**)。少し間をおき、中の型をさわってみて軽く動くようになったら中の型をはずす(**F**)。冷蔵庫で冷やし固める。

POINT
→ 重ねたときにやや隙間のできる2サイズのボンブ型を使用して、ゼリーの薄い層をつくる。
→ 中の型をはめたときに少しあふれ出すくらいにゼリー液を入れておくと、型の内側全体がちょうどよくゼリーでおおわれる。

~~~~~~

アプリコットのゼリー

① アプリコットのコンポートは粗めにきざむ(**A**)。これを鍋に入れ、水を加えて火にかける。ゴムベラで混ぜながら72℃になるまで加熱する。
② 火を止め、顆粒ゼラチンを加えてゴムベラで混ぜ溶かす(**B**)。
③ ブラックにのせた直径3cmの半球形のフレキシパンに、②をスプーンで7〜8分目の高さまで流し入れ(**C**)、冷蔵庫で冷やし固める。
④ ③のうち半数をスプーンですくうようにしてフレキシパンからはずし、フレキシパンに入れたままの残りのゼリーの上に重ねて球状にする(**D**)。重ね合わせたゼリーを同様にしてフレキシパンからいったんはずし、必要であれば手で形をととのえる。フレキシパンに戻し、冷蔵庫で冷やす。

~~~~~~

ヨーグルトのムース

下準備:顆粒ゼラチンは分量の水と合わせてふやかす／生クリームは7分立てにする

① クリームチーズを網で漉し、ボウルに入れる。ゴムベラでほぐし、なめらかな状態にする(**A**)。
② グラニュー糖を加え、ダマが残らないようにゴムベラでしっかりとすり混ぜる。レモン果汁、ハチミツ、ヨーグルトを順に加え、そのつど均一な状態になるまでゴムベラで混ぜる。写真(**B**)はすべての材料を混ぜ終えた状態。
③ 別のボウルにふやかした顆粒ゼラチンを入れ、湯煎にして溶かす。
④ ③に②の半量を少量ずつそそぎながら泡立て器で混ぜる。これを②のボウルに戻し、ゴムベラで混ぜ合わせる。ボウルの底に氷水をあて(**C**)、混ぜると混ぜた跡が少し残る程度にとろみがつくまで冷やす。
⑤ 7分立てにした生クリームに④の1/3量を加え、ゴムベラで均一な状態になるまで混ぜる。残りの④を加え、ゴムベラで底からすくうようにして均一な状態になるまで混ぜる(**D**)。

POINT
→ クリームチーズよりもヨーグルトを多く配合し、清涼感のある味わいに仕上げる。

ジェノワーズ

下準備：卵黄は溶きほぐす／生クリームは約45℃に調整する

① ミキサーボウルに卵白を入れ、グラニュー糖を3回に分けて加えながら、写真（A）のようにしっかりとした角が立つまでホイッパーで高速で撹拌する。
② ①をボウルに移して卵黄を加え、ゴムベラでざっと混ぜる。薄力粉を加え（B）、写真（C）のように粉がなくなって少しつやが出るまでゴムベラで混ぜる。
③ 約45℃に調整した生クリームを加え、ゴムベラで均一な状態になるまで混ぜる。写真（D）は混ぜ終わり。
④ 直径18×高さ6cmの底付きの丸型2台に固めの紙を敷き込み、③を均等に流す（E）。上火180℃・下火160℃のデッキオーブンで約24分焼く。焼き上がったら20〜30cm持ち上げて台の上に落とし、型をはずす（F）。そのまま室温にしばらくおいて粗熱をとる。
⑤ 焼き面を切り落として厚さ8mmに横にスライスし、直径5.2cmの円形に型ぬきする。

POINT
→ 丸型に固めの紙を敷き込んでおくと、焼き縮みが軽減される。

組立て・仕上げ

① ヨーグルトのムースを丸口金を付けた絞り袋に入れ、オレンジのゼリーを流して固めたボンブ型に7分目の高さまで絞る（A）。
② 球状にしたアプリコットのゼリーを1個ずつ中央にのせ、軽く押し込む（B）。型の縁までヨーグルトのムースを絞り入れ、口金で軽くつついて表面をざっと平らにならす（C）。
③ ジェノワーズをかぶせ、軽く指で押さえて密着させる（D）。冷蔵庫で冷やし固める。
④ ③の型を約50℃の湯に浸してすぐに引き上げる。指で型を軽く押して型と中のパーツの間に隙間ができることを確認し（E）、型を少し傾けて上から下へと勢いよくふりおろして型をはずす（F）。バットに並べ、冷蔵庫で冷やし固める。
⑤ アプリコットジャムをコルネに入れ、直径5.5cmの円形にしたパート・サブレの上面に少量絞る（G）。これに④をのせる。
⑥ 約4.5×2cmの葉形にしたパート・サブレの上面に粉糖をふる。カエル形のマジパン細工の裏にアプリコットジャムを少量絞り、葉形のサブレに接着する。これを⑤にのせる（H）。

POINT
→ ボンブ型は縦に長いため、プリン型のようにまっすぐふりおろしてもぬきづらい。型を斜めに傾けてふりおろすとよい。
→ 白いムースの中に球状にしたオレンジ色のゼリーを組み込むことで、縦に切ったときにゆで玉子のような切り口に。小さなカエルをモチーフにしたマジパン細工も添え、遊び心を表現した。

Oak Wood
[菓子工房 オークウッド]

紅玉リンゴとスパイスティーのタルト

リンゴ × スパイスティー

オーナーシェフ
横田秀夫さん

紅玉のキャラメリゼから発想を広げ、スパイスの香りとのマリアージュを楽しむひと品に。カルダモンやシナモン、ショウガ、クローヴ、コショウ入りのスパイスティーは、力強くもきつすぎない風味で、すっきりとした後口が魅力。牛乳と生クリームにその香りを移し、濃厚な味わいのフランに仕立てた。シブーストのように上に重ねたムースは、青リンゴのフレッシュでさわやかな風味を生かし、また軽い口あたりにして土台のパート・シュクレとの食感のコントラストを創出。間に挟んだほろ苦いキャラメルクリームが両者をつなぎ、味に深みを与えている。

材料

使用する型：直径6.5×高さ1.5cmのセルクル、口径7.5×高さ2cmの底付きのタルト型

▸ フルーツのコンポート
（つくりやすい分量）

リンゴのスライスのコンポート
- リンゴ（紅玉）…1個
- 水…150g
- グラニュー糖…150g
- レモン果汁…15g
- リンゴリキュール…30g

プルーンのコンポート
- プルーン（種なし）…140g
- 水…150g
- スパイスティーの茶葉（リエコーヒー「リエズパッション チャイ」）…3g
- グラニュー糖…40g

▸ パート・シュクレ
（約35個分）

- バター…300g
- 粉糖…180g
- 全卵…90g
- 薄力粉…500g
- アーモンドパウダー…75g

▸ リンゴのソテー
（20個分）

- リンゴ（紅玉）…3個
- 澄ましバター…30g
- グラニュー糖…45g

▸ スパイスティーのフラン
（20個分）

- 水…50g
- スパイスティーの茶葉（リエコーヒー「リエズパッション チャイ」）…5g
- 牛乳…200g
- 生クリーム（乳脂肪分38％）…120g
- 卵黄…50g
- グラニュー糖…32g
- トレハロース…20g
- カスタードパウダー…10g
- 粉末クリーム（森永乳業「クリープ」）…20g

▸ キャラメルのクリーム
（20個分）

- キャラメルソース（P.171）…100g
- 生クリーム（乳脂肪分45％）…100g

▸ 青リンゴのムース
（20個分）

- グラニュー糖…90g
- 水…30g
- 卵白…55g
- 青リンゴピュレ…375g
- リンゴリキュール…40g
- 板ゼラチン…15g
- 生クリーム（乳脂肪分38％）…425g

▸ 組立て・仕上げ

- ナパージュ・ヌートル…適量

① リンゴのスライスのコンポート
② プルーンのコンポート
③ 青リンゴのムース
④ キャラメルのクリーム
⑤ スパイスティーのフラン
⑥ リンゴのソテー
⑦ パート・シュクレ

つくり方

フルーツのコンポート

① リンゴのスライスのコンポートをつくる。リンゴは皮付きのまま8等分に切り、芯を取り除いて厚さ2mmのイチョウ切りにする。
② 鍋にリンゴ以外の材料をすべて入れ、火にかける。沸騰したら①を加え、再度沸騰したら火からおろす。そのまま室温で約2時間漬け込む。写真 **Ⓐ** はでき上がり。
③ プルーンのコンポートをつくる。プルーンは9等分に切る。
④ 鍋に水を入れて火にかけ、沸騰したら火を止めてスパイスティーの茶葉を加え、ふたをして5分おく。
⑤ ④を網で漉して別の鍋に移し、グラニュー糖を加えて火にかける。沸騰したら火からおろし、③を加える。そのまま室温にしばらくおいて粗熱をとり、冷蔵庫に移して1晩おく。写真 **Ⓑ** はでき上がり。

POINT
→ リンゴは個体によって、漬けすぎると色が抜けることがあるので注意。赤い色が残る程度に漬けること。

パート・シュクレ

下準備：バターはポマード状にする／全卵は室温にもどして溶きほぐす／薄力粉とアーモンドパウダーは合わせてふるう

① ミキサーボウルにポマード状にしたバターと粉糖を入れ、ビーターで中低速で撹拌する。溶きほぐした全卵を3〜4回に分けて加え、そのつど均一な状態になるまで撹拌する。
② 合わせた薄力粉とアーモンドパウダーを加え、均一な状態になるまで撹拌する。ラップで包み、冷蔵庫に1時間以上おく。
③ ②をパイシーターで厚さ2mmにのばし、口径7.5×高さ2cmの底付きのタルト型に敷き込む。ペーパーカップをはめて重石を入れる。
④ ③を170℃のデッキオーブンで約20分焼く。重石とペーパーカップを取り除き、溶きほぐした卵黄（分量外）を内側に刷毛で薄くぬる（**Ⓐ**）。170℃のデッキオーブンでさらに約5分焼く。写真（**Ⓑ**）は焼き上がり。室温にしばらくおいて粗熱をとる。

リンゴのソテー

① リンゴは皮をむき、芯を取り除きながら縦4等分、横2等分に切り分け、さらにそれぞれ3等分にスライスする。
② フライパンを中火にかけて澄ましバターを入れ、溶けたらグラニュー糖を全体に広げる（**Ⓐ**）。グラニュー糖が溶けて色づき、写真（**Ⓑ**）のように泡立ってきたら、火を止めて①を加え、全体に広げる。次第に溶けたグラニュー糖が固まり、アメ状になる。
③ ②のフライパンをふたたび火にかける。リンゴのまわりに付着したアメが溶けはじめたら、ヘラでときどき混ぜながらじっくりとソテーする（**Ⓒ**）。混ぜすぎると煮くずれるので注意。
④ 汁けがなくなり、竹串がすっととおる状態になったらOK（**Ⓓ**）。バットに広げて室温にしばらくおいて冷ます。

スパイスティーのフラン

① 鍋に水を入れて火にかける。沸騰したら火を止めてスパイスティーの茶葉（**Ⓐ**）を加え、ふたをして2分おく。写真（**Ⓑ**）は2分おいたもの。
② ①の作業と並行して、別の鍋に牛乳と生クリームを入れて火にかけ、沸騰させる。
③ ①に②をそそぎ（**Ⓒ**）、そのまま3分おく。茶葉をゴムベラで軽く押すようにしながら網で漉し、ボウルに移す（**Ⓓ**）。
④ ③の作業と並行して、別のボウルに卵黄、グラニュー糖、トレハロースを入れて泡立て器ですり混ぜる。続いて、カスタードパウダーと粉末クリームを加え、粉けがなくなるまで混ぜる。
⑤ ③の1/4量を④に加え混ぜ（**Ⓔ**）、続いて残りの③を加え混ぜる。表面にラップを密着させて気泡を取り除く（**Ⓕ**）。

キャラメルのクリーム

下準備：生クリームは冷やしながら8分立てにする

① ボウルにキャラメルソースと8分立てにした生クリームを入れ、泡立て器で均一な状態になるまで混ぜる（**Ⓐ**&**Ⓑ**）。

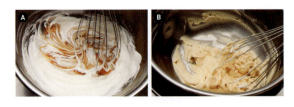

青リンゴのムース

下準備：板ゼラチンは温めて溶かす／生クリームは冷やしながら7分立てにする

① 鍋にグラニュー糖と水を入れて火にかけ、118℃になるまで加熱する。
② ①の作業と並行して、ミキサーボウルに卵白を入れ、ホイッパーで中速で撹拌して5分立てにする（Ⓐ）。
③ ②に①を加えながら中速で撹拌し、8分立てになったら低速に切り替え、冷ましながらきめをととのえる。写真（Ⓑ）は混ぜ終わり。
④ ボウルに青リンゴピュレとリンゴリキュールを入れ、ゴムベラで混ぜる（Ⓒ）。
⑤ 別のボウルに溶かした板ゼラチンを入れ、④を少量加えてゴムベラで混ぜる。これを④のボウルに戻して混ぜる。混ぜ終わりの温度は25℃が目安。
⑥ 7分立てにした生クリームに⑤を加える（Ⓓ）。泡立て器で混ぜ、さらにゴムベラに持ち替えて均一な状態になるまで混ぜる。続けて③（25〜30℃が目安）を加え（Ⓔ）、同様に混ぜる。写真（Ⓕ）は混ぜ終わり。混ぜ終わりの温度が18〜20℃になるようにすること。

POINT
→ 分離させず、また軽い口あたりに仕上げるために、各パーツの温度、混ぜ終わりの温度に注意。

~~~~~~

組立て・仕上げ

① リンゴのスライスのコンポートを網にあけて汁けをきり、キッチンペーパーを敷いたバットに広げる。
② 直径6.5×高さ1.5cmのセルクルの内側側面にフィルムを貼り、フィルムを貼り付けたプラックに並べる。セルクルの中に、竹串を使って①を花弁のように6切れ敷き、リンゴの皮がセルクルの内側側面にあたるようにととのえる（Ⓐ）。
③ プルーンのコンポートを1〜2切れ丸め、竹串を使って軽く押し付けるようにして②の中央に置く（Ⓑ）。ショックフリーザーで冷やし固める。
④ ボウルにキッチンペーパーを敷き、リンゴのソテーを入れて余分な汁けを取り除く。
⑤ 空焼きしたパート・シュクレに、竹串を使って④を3切れずつを目安に敷き詰める（Ⓒ）。
⑥ スパイスティーのフランを⑤の縁いっぱいまでそそぎ（Ⓓ）、150℃のデッキオーブンで約20分焼く。室温にしばらくおいて粗熱をとり、冷蔵庫に移して冷やす。
⑦ 青リンゴのムースを丸口金を付けた絞り袋に入れ、③のセルクルに絞り入れる。このとき、まずは底に敷いたリンゴとプルーンのコンポートの隙間を埋めるように絞り（Ⓔ）、それからセルクルの縁いっぱいまで絞る（Ⓕ）。パレットナイフで平らにならし、ショックフリーザーで冷やし固める。
⑧ ⑥の上面にキャラメルのクリームを少量のせ、パレットナイフで薄く広げて平らにならす（Ⓖ）。
⑨ ⑦のコンポートの面にナパージュ・ヌートルをパレットナイフで薄くぬり、平らにならす（Ⓗ）。
⑩ ⑨の側面を手で温めてセルクルをはずし、フィルムをはがす（Ⓘ）。これを⑧にのせる（Ⓙ）。

POINT
→ リンゴの皮の赤みを生かして花をかたどり、見た目も愛らしく仕上げる。「リンゴのお菓子はどうしても地味になりがちなので、ビジュアル面も工夫しました」（横田さん）。

LA VIEILLE FRANCE
[ラ・ヴィエイユ・フランス]

~~~~~~

アルデショワ

栗 × カシス

オーナーシェフ
木村成克さん

木村成克さんが守り続けるのは、古きゆかしきフランス菓子の伝統と真髄。オリジナルの菓子を考える際も、「王道のスタイルや組合せを検討し、そこに少し個性を加えられれば加えるし、加えなくてもいい」というのが木村さんのスタンスだ。「アルデショワ」も栗とカシスという王道のコンビネーション。しかしながら、栗のビスキュイのきめが細かく口溶けのよい食感や、カシスのクレムーのとがりすぎないえぐみには、木村さんならではの発想と技が反映されており、安定感のあるおだやかな調和が生み出されている。

〔 材料 〕 使用する型：直径6×高さ3.5cmのセルクル

▶ **栗のビスキュイ**
（つくりやすい分量・60×40cmの天板1枚分）

パート・ド・マロン（アンベール「マロンペースト」）…300g
卵黄…270g
ヴェルジョワーズ…30g
卵白…260g
グラニュー糖…130g
薄力粉…130g
バター…50g

▶ **カシスのクレムー**
（約25個分）

冷凍卵黄…108g
全卵…108g
グラニュー糖…50g
カシスピュレ…172.5g
青リンゴピュレ…115g
レモン果汁…12.5g
粉ゼラチン…3.4g
水…13.6g
バター…108g

▶ **栗のムース**
（約50個分）

パート・ド・マロン（アンベール「マロンペースト」）…214.5g
マロンピュレ（アンベール「マロンピューレ」）…288g
牛乳…344g
生クリームA（乳脂肪分35％）…230g
卵黄…117g
粉ゼラチン…16g
水…64g
ホワイトチョコレート
（フェルクリン「エーデルワイス」）…1005g
生クリームB（乳脂肪分35％）…1047g

▶ **キャラメルのグラサージュ**
（つくりやすい分量）

生クリーム（乳脂肪分35％）…300g
粉ゼラチン…20g
水…80g
ミルクチョコレート
（ヴァローナ「キャラメリア」／カカオ分36％）…690g
ナパージュ・ヌートル…900g

▶ **組立て・仕上げ**

ダークチョコレート…適量
ウイスキー風味のシロップ…でき上がりより適量
　シロップ（ボーメ25度）…100g
　ウイスキー…20g
マロンコンフィ（サバトン「プチマロンシロップ」）…適量
飾り用チョコレート…適量
ナパージュ・ヌートル…適量

①マロンコンフィ
②キャラメルのグラサージュ
③栗のムース
④カシスのクレムー
⑤栗のビスキュイ

〔 つくり方 〕

栗のビスキュイ

下準備：バターは溶かして約50℃に調整する

① パート・ド・マロンは電子レンジで人肌程度に温め、卵黄は溶きほぐして同様にして人肌程度に温める。パート・ド・マロンをフードプロセッサーに入れ（**Ⓐ**）、卵黄を少しずつ加えながら撹拌する。このとき、卵黄を半量程度加え混ぜた段階で、いったんフードプロセッサーを止め、内側側面に付いた材料をはらう（**Ⓑ**）。
② ①が混ざったら、ヴェルジョワーズを加え（**Ⓒ**）、全体がある程度なじむまで撹拌する。これをミキサーボウルに移し、写真（**Ⓓ**）のように全体が均一になり、なめらかな状態になるまでビーターで中速で撹拌する。

［ 工程③以降は次頁↓ ］

③ 別のミキサーボウルに卵白とグラニュー糖を入れ、泡立て器で混ぜながら直火にかけて人肌程度に温める。火からおろしてミキサーにセットし、写真（**E**）のように8〜9分立てになるまでホイッパーで高速で撹拌する。
④ ②をボウルに移し、③の約1/3量、薄力粉、残りの③を順に加え、そのつどゴムベラでざっと混ぜる（**F**）。混ざりきらないうちに次の材料を加えること。
⑤ ④が混ざりきらないうちに約50℃に調整したバターを加え（**G**）、全体がなじむまでゴムベラで混ぜる。
⑥ オーブンシートを敷いた60×40cmの天板に⑤を流し、パレットナイフでのばして平らにならす（**H**）。170℃のコンベクションオーブンで約18分焼く。室温にしばらくおいて粗熱をとる。

POINT
→ パート・ド・マロンに極力空気を含ませないように混ぜると、厚めに焼いてもきめが細かく、口溶けのよい食感に仕上がる。

~~~~~~

カシスのクレムー

下準備：冷凍卵黄は解凍する／粉ゼラチンは分量の水と合わせてふやかす／バターは約2cm角に切って室温にもどす

① ボウルに解凍した冷凍卵黄、全卵、グラニュー糖を入れ、泡立て器ですり混ぜる（**A**）。
② ①にカシスピュレと青リンゴピュレを加えて泡立て器で混ぜ、レモン果汁を加え混ぜる（**B**）。
③ ②を銅ボウルに移して中火にかける。泡立て器で絶えず混ぜながら、ふつふつと沸くまで（約85℃が目安）加熱する（**C**）。
④ ふやかした粉ゼラチンを入れたボウルに③を加え、ゴムベラで混ぜ溶かす。ボウルの底に氷水をあてて、ゴムベラで絶えず混ぜながら43℃になるまで冷ます（**D**）。
⑤ ④を高さのある容器に移す。約2cm角に切ったバターを加え、スティックミキサーで撹拌してしっかりと乳化させる（**E**）。このとき、ときどきゴムベラに持ち替えて内側側面をはらい、底から混ぜる。
⑥ ⑤をデポジッターに入れ、口径4×高さ2cmのフレキシパンに14gずつ流す（**F**）。ショックフリーザーで冷やし固める。

POINT
→「カシスはフランス菓子に欠かせない素材。しかし、日本では食べなれない味と言われることもあります」と木村さん。そのため、青リンゴピュレを加えてえぐみを和らげている。

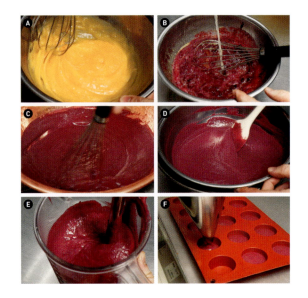

~~~~~~

栗のムース

下準備：粉ゼラチンは分量の水と合わせてふやかす／ホワイトチョコレートは溶かして40℃に調整する

① ボウルにパート・ド・マロンを入れ、マロンピュレを少しずつ加えながらゴムベラで全体がなじむまで混ぜる（**A**）。
② 鍋に牛乳と生クリームAを入れて火にかけ、沸騰させる。
③ 卵黄を別のボウルに入れて泡立て器で溶きほぐし、②を加え混ぜる（**B**）。これを鍋に戻し入れる。
④ ③を中火にかけ、ゴムベラで混ぜながら約83℃になるまで加熱する（**C**）。
⑤ ふやかした粉ゼラチンを入れたボウルに、④を網で漉して加える（**D**）。全体がなじむまでゴムベラで混ぜ、ボウルの底に氷水をあてて混ぜながら人肌程度に冷ます。

⑥ ①に⑤を少量加え（**E**）、ゴムベラでよく混ぜる。別のボウルに40℃に調整したホワイトチョコレートを用意し、残りの⑤を3回程度に分けて加え（**F**）、そのつどゴムベラでしっかりと混ぜる。
⑦ ⑥のクリーム2種類を高さのある容器に合わせて入れ、スティックミキサーで撹拌して乳化させる（**G**）。乳化したら、32〜33℃に調整する。
⑧ ボウルに生クリームBを入れて8分立てにし、⑦を加えて泡立て器ですくい上げるようにして混ぜる（**H**）。

POINT
→ パート・ド・マロンは固さがあるため、工程⑤のクリームを合わせてあらかじめよくのばしておき、それからスティックミキサーで乳化させる。

キャラメルのグラサージュ

下準備：粉ゼラチンは分量の水と合わせてふやかす／ミルクチョコレートは溶かして約35℃に調整する／ナパージュ・ヌートルは約40℃に調整する

① 鍋に生クリームを入れ、火にかけて沸騰させる。ふやかした粉ゼラチンを入れたボウルに加え（**A**）、ゴムベラで混ぜ溶かす。ボウルの底に氷水をあてて人肌程度に冷ます。
② 別のボウルに約35℃に調整したミルクチョコレートを用意し、①を3回程度に分けて加え、そのつどゴムベラでよく混ぜる（**B**＆**C**）。
③ ②と約40℃に調整したナパージュ・ヌートルを高さのある容器に入れ、スティックミキサーで撹拌してしっかりと乳化させる（**D**）。

組立て・仕上げ

下準備：ダークチョコレートは溶かす／マロンコンフィは、7mm角に切ったものと、半分に切ったものを用意する

① 栗のビスキュイを直径5cmの円形に型ぬきし（**A**）、焼き面に溶かしたダークチョコレートをパレットナイフでぬる（**B**）。オーブンシートを敷いたプラックに並べ、冷蔵庫で冷やし固める。
② ウイスキー風味のシロップをつくる。シロップとウイスキーを混ぜ合わせる。
③ プラックにシルパットを重ね、直径6×高さ3.5cmのセルクルを並べる。①を裏返してウイスキー風味のシロップを刷毛でぬり（**C**）、シロップをぬった面を上にしてセルクルに入れる。栗のムースをセルクルの4〜5分目の高さまでデポジッターで流す（**D**）。
④ 冷やし固めたカシスのクレームを③の中央にのせ、指先で軽く押さえる（**E**）。カシスのクレームが隠れる程度にふたたび栗のムースを流す。スプーンの背で軽く平らにならし、7mm角に切ったマロンコンフィを中央付近にちらす（**F**）。
⑤ ④の縁いっぱいまで再度栗のムースを流し、パレットナイフで平らにならす（**F**）。ショックフリーザーで約5分冷やし固める。
⑥ ⑤をショックフリーザーから取り出す。冷やし固めると上面が少しくぼむので、栗のムースをパレットナイフで少量のせ、ふたたび平らにならす。側面をバーナーで軽くあぶってセルクルをはずし、網を重ねたプラックに並べる。
⑦ キャラメルのグラサージュを⑥にかける。パレットナイフで上面を平らにならし（**H**）、網をプラックに軽く打ちつけて余分なグラサージュを落とす。飾り用チョコレートを側面に貼り、半分に切ったマロンコンフィをのせ、マロンコンフィにナパージュ・ヌートルをぬる。

Un Petit Paquet
[アン・プチ・パケ]

ディアボロ・マロン

栗×カシス

オーナーシェフ
及川太平さん

栗の渋皮煮をのせたタルトの中から、色も酸味も鮮烈なカシスがじゅわり。血のイメージを重ね、「ディアボロ・マロン」と名づけた。栗の渋皮煮は手間隙かけて自家製したもの。「配合やゆで加減、煮含め具合は、職人の感覚次第。そこに面白さがある。料理も菓子も手を抜いたらおしまい。それが私の身上です」と及川太平さん。栗の滋味あふれる味わいに、たっぷりのカシスが華やかな輪郭を与える。ザクザクとくずれるパート・シュクレとバニラシュトロイゼル、しっとりとした口あたりの栗のクリームの食感のコントラストも魅力だ。

材料

使用する型：口径15cmの菊形の底付きのタルト型（1台6個分）

▶ **栗の渋皮煮**
（つくりやすい分量）

栗*…450g（鬼皮をむいた状態で計量）
重曹…約小さじ1
水…約800g
グラニュー糖…約300g

*今回は4×3cm程度の大きさの
　神奈川県産のものを使用

▶ **バニラシュトロイゼル**
（つくりやすい分量）

発酵バター…100g
粉糖…100g
バニラシュガー…1つまみ
アーモンドパウダー…100g
薄力粉…100g

▶ **クレーム・フランジパーヌ**
（つくりやすい分量）

発酵バター…800g
粉糖…1000g
全卵…600g
アーモンドパウダー…1000g
コーンスターチ…100g
バニラエッセンス…適量
クレーム・パティシエール（P.172）…1050g

▶ **パート・シュクレ**
（約5台分）

発酵バター…270g
バニラシュガー…少量
塩…3g
粉糖…170g
全卵…90g
アーモンドパウダー…57g
薄力粉…450g

▶ **栗のクリーム**
（約8台分）

クレーム・フランジパーヌ…左記より1200g
クレーム・ド・マロン…400g
ラム酒…100g

▶ **組立て・仕上げ**
（1台分）

ジェノワーズ…適量
カシス（冷凍）…70g
シナモンパウダー…適量
ナパージュ・ヌートル…適量

① 栗の渋皮煮
② バニラシュトロイゼル
③ 栗のクリーム
④ カシス
⑤ ジェノワーズ
⑥ パート・シュクレ

つくり方

栗の渋皮煮

① 栗は、鬼皮の角を2ヵ所ほどハサミで小さく切り取り（Ⓐ）、鬼皮がむきやすいやわらかさになるまで1時間ほど水（分量外）に浸す（Ⓑ）。鬼皮を切る際は、渋皮に傷をつけないように注意。

② ①でつくった切り口にテーブルナイフ（切れ味の鋭くないタイプ）をさし入れ、鬼皮をむく（Ⓒ＆Ⓓ）。ゆでるまで水（分量外）に浸しておく。

［工程③以降は次頁↓］

③ 鍋に湯（分量外）を沸かし、②の栗を入れてゆでる（**E**）。アクが出て湯が茶色くなったらザルにあけて湯をきり、流水でもみ洗いする。タワシで軽くこすったり、指でこすったりして筋や綿のようなものを取り除く（**F**）。

④ 銅鍋に③を入れ、栗が浸る程度に水（分量外）を加えて強火にかける。沸騰したら弱火にし、重曹を加えてゆでる（**G**）。次第にゆで汁が真っ黒になる。途中で水（分量外）を足して栗が浸る状態をキープしながら、栗に竹串がすっとおるようになるまで約40分ゆでる（**H**）。

⑤ ザルにあけて湯をきり（**I**）、流水で洗う。指でこすって筋や綿のようなものを取り除き（**J**）、必要であれば再度ゆでこぼし、アクを適度に取り除く。

⑥ 鍋に⑤を入れ、分量の水（栗が浸る程度に調整する）をそそいで強火にかける。グラニュー糖の1/3量を加え（**K**）、沸騰したら弱火にし、ときどきアクを取りながら煮る（**L**）。栗全体に甘みが浸透してきたら、残りのグラニュー糖を加え、さらに煮る。栗に甘みがしっかりと浸透したら、火からおろす。

⑦ 煮汁ごとボウルに移してラップをかけ、冷蔵庫に1晩以上おく。ザルにあけて汁けをきってから使用する。

POINT
→ 口あたりよく仕上げるため、筋や綿のようなものはていねいに取り除く。
→ アクは取りきってしまうと味が抜けてしまうため、適度に取り除く。

バニラシュトロイゼル

下準備：発酵バターは室温にもどす

① ボウルに発酵バターと粉糖、バニラシュガーを入れ、ゴムベラではじめは切るように（**A**）、なじんできたらすり混ぜるようにして混ぜる。粉けがなくなったら混ぜ終わり（**B**）。
② アーモンドパウダーを加え、均一な状態になるまで混ぜる。
③ 薄力粉を加え、写真（**C**）のようにホロホロとした状態になるまでカードで切るようにして混ぜる。プラックに広げ、冷蔵庫に2時間ほどおく。
④ ③を目の大きさが約7mm角の網で漉し、オーブンシートを敷いたプラックに広げる（**D**）。冷凍庫で冷やす。

クレーム・フランジパーヌ

下準備：発酵バターは室温にもどす／全卵は室温にもどして溶きほぐす／アーモンドパウダーとコーンスターチは合わせてふるう／クレーム・パティシエールはほぐしてやわらかくする

① ミキサーボウルに発酵バターを入れ、ポマード状になるまでビーターで撹拌する。粉糖を加え、なじむまで撹拌する。
② 溶きほぐした全卵を数回に分けて加え、そのつどしっかりと撹拌して乳化させる。
③ 合わせたアーモンドパウダーとコーンスターチを少しずつ加えながら、均一な状態になるまで撹拌する。
④ バニラエッセンスとやわらかくしたクレーム・パティシエールを加え、ミキサーの速度を上げて少し空気を含ませながら均一な状態になるまで撹拌する。冷蔵庫で保管し、室温にもどしてから使う（**A**）。

パート・シュクレ

下準備：発酵バターは室温にもどす／全卵は室温にもどして溶きほぐす

① ボウルに発酵バターを入れ、バニラシュガーと塩を加えてよく混ぜる。
② 粉糖を加え、均一な状態になるまで混ぜる。溶きほぐした全卵を3回に分けて加え、そのつど均一な状態になるまで混ぜる。
③ アーモンドパウダーと薄力粉を順に加え、そのつど粉けがなくなるまで混ぜる。ラップで包み、冷蔵庫に1晩（3時間以上）おく。

栗のクリーム

下準備：クレーム・フランジパーヌは室温にもどす

① ボウルにクレーム・フランジパーヌを入れ、クレーム・ド・マロン、ラム酒を順に加え、そのつど均一な状態になるまでゴムベラで混ぜる（Ⓐ＆Ⓑ）。冷蔵庫で冷やして少し締める。

組立て・仕上げ

① パート・シュクレを麺棒などで厚さ4mmにのばし（型よりもふたまわりほど大きい円形が目安）、ピケする。これを口径15cmの菊形の底付きのタルト型に、工程②～④の要領で敷き込む。
② 型に生地をのせ、型をまわしながら生地を底まで押し込み、底側の生地を指で押し広げるようにして型の隅まで行きわたらせる（Ⓐ）。
③ 型からはみ出した生地を少し内側にたるませてから型の外に向けて折り、その上から麺棒を転がして余分な生地を除く（Ⓑ）。
④ 型をまわしながら、生地のたるませた部分と型を指先でつまむようにして型の側面に密着させ（Ⓒ）、厚みをととのえつつ、写真（Ⓓ）のように型よりも生地のほうが少し高い状態にする。
⑤ 型の底にちょうど収まるサイズの円形のジェノワーズをごく薄く切り、④の底に敷く（Ⓔ）。
⑥ ジェノワーズをおおう程度の量の栗のクリームを入れ、パレットナイフで全体にのばして平らにならす（Ⓕ）。
⑦ カシスをまんべんなく敷き詰め、パレットナイフで軽く押さえる（Ⓖ）。
⑧ 汁けをきった栗の渋皮煮を約6等分に切り分ける。これを⑦に4個分程度ちらし、パレットナイフで軽く押さえる（Ⓗ）。
⑨ ふたたび栗のクリームを入れ、表面をざっと平らにならす（Ⓘ）。このとき盛り込むクリームの量は、平らにならしたときに生地の縁よりも5mm程度低くなるように調整する。冷蔵庫に1～2時間おく。
⑩ ⑨の上面をバニラシュトロイゼルでおおい（Ⓙ）、全体にシナモンパウダーをふる。
⑪ 天板にのせ、165℃のコンベクションオーブンで40～50分焼く。室温にしばらくおいて粗熱をとり、型をはずす（Ⓚ）。
⑫ 汁けをきった栗の渋皮煮を切らずに丸ごと6個のせ、栗の表面にナパージュ・ヌートルを刷毛でぬる（Ⓛ）。波刃包丁で6等分に切り分ける。

POINT
→ パート・シュクレはやや厚めに敷き込み、また、バニラシュトロイゼルをのせてしっかりと焼成することで、ザクザクとした食感を強調する。

Maison de Petit Four
[メゾン・ド・プティ・フール]

サヴール・タナン

柿 × 紅茶 × キャラメル

オーナーシェフ
西野之朗さん

「サヴール・タナン」とは、フランス語で「タンニンの風味」の意。柿を主役に、紅茶、キャラメルを合わせた。「柿は火を入れるとタンニンに由来する渋みが強く出る」(西野之朗さん) という性質を生かし、固い柿をコンフィにして使用。紅茶とキャラメルの2つの風味のムースの中から、さまざまな渋みや果実味、洋酒の香りが花開き、上品ですっきりとした後口を残す。フランス菓子がベースであることに変わりはないが、ここ数年は和素材を使ったり、料理や和菓子から発想を得たりと、より自由なスタンスで、「日本人として安心でき、心和む味わい」を追求しているという。

材料

使用する型：口径6×高さ5cmのボンブ形のフレキシパン

▸ 柿のコンフィ
（つくりやすい分量）

- 柿（種なし／固めのもの）…適量
- シロップ（ブリックス74%）…適量
- アルマニャック…適量

▸ クルミのビスキュイ
（つくりやすい分量・42×33cmの天板1枚分）

- クルミ…200g
- 全卵…41g
- 卵黄…60g
- クルミパウダー…28g
- アーモンドパウダー…28g
- 粉糖…131g
- 卵白…105g
- グラニュー糖…38g
- 薄力粉…71g

▸ キャラメルのソース
（つくりやすい分量）

- 水アメ…80g
- グラニュー糖…190g
- 生クリーム（乳脂肪分35%）…190g
- トレモリン（転化糖）…80g
- バニラエクストラクト…8g

▸ キャラメルのムース
（29個分）

- 卵黄…28g
- グラニュー糖…6g
- 牛乳…140g
- キャラメルのソース…上記より135g
- 板ゼラチン…6g
- イタリアンメレンゲ（P.172）…41g
- 生クリーム（乳脂肪分38%）…211g

▸ 紅茶のムース
（32個分）

- 牛乳…450g
- 生クリームA（乳脂肪分38%）…225g
- 紅茶の茶葉（アールグレイ）…37g
- 卵黄…150g
- グラニュー糖…225g
- 板ゼラチン…18g
- イタリアンメレンゲ（P.172）…120g
- 生クリームB（乳脂肪分38%）…450g

▸ 組立て・仕上げ

- アンビバージュ…でき上がりより適量
  - シロップ（ボーメ20度）…120g
  - アルマニャック…12g
- ピストレ用チョコレート
  （オレンジ、黄緑／P.172）…各適量
- クランブル（P.172）…適量
- クレーム・シャンティイ（P.172）…適量
- 飾り用チョコレート（葉形）…適量枚
- 飾り用チョコレート（コポー）…適量本

①クレーム・シャンティイ
②紅茶のムース
③キャラメルのムース
④柿のコンフィ
⑤クルミのビスキュイ
⑥クランブル

つくり方

柿のコンフィ

① 柿は皮をむいてへたを取り、8等分程度のくし形に切る。これを万能調理器「クボット」に入れ、湯を加えてやわらかくなるまでゆでる。湯を捨てる。

② ①にシロップをひたひた程度に加え、真空にして30〜40分加熱し、ふたを開けずにそのまま1晩おく。汁けをきってボウルに移し、アルマニャックをふって混ぜ合わせる。ラップをかけて冷蔵庫に1晩おく。写真（Ⓐ）は仕上がり。

POINT
→「柿は火を入れるとタンニンに由来する渋みが強く出る」（西野さん）。それを生かす狙いから、固めの柿をコンフィに加工。真空調理（万能調理器「クボット」を使用）であれば短時間の加熱ですみ、色も風味もよく仕上がる。

クルミのビスキュイ

下準備：全卵は室温にもどす／クルミパウダー、アーモンドパウダー、粉糖は合わせてふるう

① クルミは粗くきざんで天板に広げ、上火・下火ともに170〜180℃のデッキオーブンで色づかない程度にローストする。粗熱をとる（ⓐ）。
② ミキサーボウルに全卵と卵黄、合わせたクルミパウダー、アーモンドパウダー、粉糖を入れる。泡立て器などでざっと混ぜたのち、ミキサーにセットしてホイッパーで高速で撹拌する。写真（ⓑ）のように白っぽく、もったりした状態になったら混ぜ終わり。
③ ②の撹拌が完了する少し前のタイミングで、別のミキサーボウルに卵白とグラニュー糖を入れ、写真（ⓒ）のように、すくうと角がピンと立つ状態になるまでホイッパーで高速で撹拌する。
④ ③の1/3量を②に加えてゴムベラでざっと混ぜる。薄力粉を加え、ゴムベラで粉けがなくなるまで底からすくうようにして混ぜる。
⑤ ④に残りの③の半量を加え、ゴムベラで混ぜ合わせる（ⓓ）。混ざったら残りの③を加え、全体がなじむまで混ぜる。写真（ⓔ）は混ぜ終わり。
⑥ オーブンシートを敷いた42×33cmの天板に⑤を流してカードなどで平らにならし（ⓕ）、①のクルミをちらす（ⓖ）。上火220℃・下火180℃のデッキオーブンで約15分焼く。室温にしばらくおいて粗熱をとり、直径6cmの円形に型ぬきする（ⓗ）。

キャラメルのソース

① 銅ボウルに水アメを入れて中火にかける。温まったらグラニュー糖を3回に分けて加え、そのつど木ベラで混ぜながら溶かす（ⓐ）。
② ①の作業と並行して、鍋に残りの材料を入れて火にかけ、ゴムベラで混ぜながらトレモリンを溶かす（ⓑ）。
③ ①をときどき木ベラで混ぜながら加熱を続け、写真（ⓒ）のように煙がもうもうと上がり、濃い茶褐色になったら火を止める。
④ ③に②を少量ずつ加え、木ベラで混ぜる（ⓓ）。網で漉してボウルに移し、室温で冷ます。

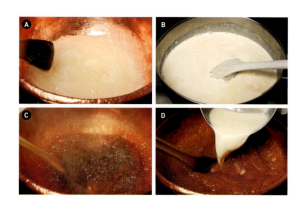

キャラメルのムース

下準備：板ゼラチンは冷水でもどす／生クリームは7分立てにする

① ボウルに卵黄とグラニュー糖を入れ、白っぽくなるまで泡立て器ですり混ぜる。
② ①の作業と並行して、鍋に牛乳を入れて火にかけ、少し温まったらキャラメルのソースを加え、ゴムベラで混ぜ溶かしながら沸騰させる（ⓐ）。
③ ②を①に加えて泡立て器で混ぜ（ⓑ）、②の鍋に戻す。とろ火にかけてゴムベラで混ぜながら80℃になるまで加熱し、写真（ⓒ）のようにとろみのついた状態にする。
④ 火からおろし、もどした板ゼラチンを加えてゴムベラで混ぜ溶かす。網で漉してボウルに移し（ⓓ）、底に氷水をあてて泡立て器で混ぜながら、人肌程度の温度になるまで冷ます。

⑤ 別のボウルにイタリアンメレンゲを入れ（**E**）、7分立てにした生クリームをひとすくい加えて泡立て器で混ぜる（**F**）。これを残りの7分立てにした生クリームが入ったボウルに戻し、さっくりと混ぜ合わせる。

⑥ ④に⑤の1/3量を加え（**G**）、泡立て器でよく混ぜる。これを⑤のボウルに戻し、泡立て器でムラなく混ぜる。ゴムベラに持ち替えて均一になるまで混ぜる。写真（**H**）は混ぜ終わり。

紅茶のムース

下準備：板ゼラチンは冷水でもどす／生クリームBは7分立てにする

① 鍋に牛乳と生クリームAを入れ、紅茶の茶葉を加えて火にかける。泡立て器でざっと混ぜ、沸騰したら火を止めてふたをし、そのまま約10分おく。網で漉す（**A**）。

② ①の作業と並行して、ボウルに卵黄とグラニュー糖を入れて泡立て器で白っぽくなるまですり混ぜる（**B**）。

③ ②に①を加えながら泡立て器で混ぜる。これを①の鍋に戻してとろ火にかけ、混ぜながら80℃になるまで加熱する。

④ キャラメルムースの工程④〜⑥と同様の作業を行う（**C**）。写真（**D**）は仕上がり。

POINT
→ 茶葉をたっぷりと使い、風味をじっくりと抽出して、渋みのある力強い味を引き出す。紅茶の香りは、柿のコンフィとアンビバージュに加えたアルマニャックとも好相性だ。

組立て・仕上げ

① キャラメルのムースを丸口金を付けた絞り袋に入れ、口径4×高さ4cmのボンブ型に8分目ほどの高さまで絞り、柿のコンフィ1〜2切れを汁けをきって中央に入れる（**A**）。柿が自然と沈み、ムースがちょうど型の縁いっぱいの高さになる。ショックフリーザーで冷やし固める。

② ①の中央にフォークを刺し、型を湯にさっと浸けてから、まわすようにして型をはずす（**B**）。フォークを抜いてフィルムを敷いたプラックに並べ（**C**）、冷凍庫で保管する。

③ アンビバージュをつくる。シロップとアルマニャックを混ぜる。

④ 紅茶のムースを丸口金を付けた絞り袋に入れ、口径6×高さ5cmのボンブ形のフレキシパンに8分目ほどの高さまで絞る。

⑤ ④の中央に②を入れる（**D**）。②が沈み、ムースがちょうど型の縁いっぱいの高さになる。

⑥ クルミのビスキュイの焼き面に③のアンビバージュを刷毛でぬり、焼き面を下にして⑤にかぶせる（**E**）。表面にもアンビバージュをたっぷりとぬり（**F**）、ショックフリーザーで冷やし固める。

⑦ ⑥を型からはずし、オーブンシートを敷いたプラックに並べる。オレンジ色と黄緑色のチョコレートを順にピストレがけする（**G**）。

⑧ 紅茶のムースの縁にクランブルをぐるりと1周するように貼り付ける（**H**）。

⑨ てっぺんに、クレーム・シャンティイを丸口金を付けた絞り袋で絞る。2種類のチョコレート（葉形とコポー）を飾る。

CHAPTER

2

注目世代の
しなやかなアイデア

オーナーシェフになる、海外の有名コンクールで活躍するなど、パティシエは30代半ばから40代前半にかけて新たなステージに立ち、自身の可能性をさらに広げています。とりわけ、ここ数年は有望株のパティシエの独立開業が相次いでおり、この世代の層の厚さを感じさせます。業界に新風を吹き込むパティシエ15人の柔軟な発想力に注目です。

PÂTISSERIE
JUN UJITA

[パティスリー ジュンウジタ]

~~~~~~

ジョア・ド・ペッシュ

オーナーシェフ
宇治田 潤さん

モモ × ピスタチオ

「モモを使ったお菓子ってすごく難しいんです」と宇治田潤さん。
「モモに限らず、ライチや柿など淡い味わいのフルーツは、フレッシュのみずみずしさがもち味なので、
いかにしてその個性を表現したお菓子に仕立てるのか、試行錯誤しました」と話す。
最初は軽い口あたりのモモのムースを試作したが、素材を生かせていないと判断。
「モモのはかない味わいを口の中にいかにとどめさせるかが要」と考え、
空気を含ませすぎない、まったり濃厚な重めのテクスチャーのモモのクリームを主体とし、
ピスタチオ入りの生地をかむ時間でモモの香りの余韻を楽しませることにした。

材料

使用する型：直径5.5×高さ5cmのセルクル

▸ **ピスタチオのビスキュイ**
（つくりやすい分量・60×40cmの天板1枚分）

ピスタチオ（シチリア産）…240g
アーモンドパウダー…120g
粉糖…340g
薄力粉…100g
ベーキングパウダー…4g
全卵…340g
バター…140g
キルシュシロップ（P.172）…適量

▸ **ペッシュ・ド・ヴィーニュのジュレ**
（27個分）

ペッシュ・ド・ヴィーニュ（冷凍／シコリー）…250g
グラニュー糖…80g
ペクチン…3g

▸ **クレーム・オ・ブール**
（つくりやすい分量）

卵黄…68g
グラニュー糖A…82g
沸かした牛乳…137g
バニラビーンズ…1/2本
グラニュー糖B…137g
水…46g
卵白…68g
発酵バター…450g

▸ **ペッシュ・ド・ヴィーニュの
クレーム・オ・ブール**
（27個分）

ペッシュ・ド・ヴィーニュのジュレ…上記より70g
クレーム・オ・ブール…上記より300g

▸ **モモのクリーム**
（27個分）

モモ（ホワイト）のピュレ
（ラ・フルティエール）…250g
ペッシュ・ド・ヴィーニュのピュレ（ボワロン）…250g
バニラビーンズ…1/2本
キルシュ…15g
モモのシロップ
（ヴォルフベルジェール「グルマンディーズ ピーチ」）…15g
卵黄…120g
板ゼラチン…20g
ホワイトチョコレート（ヴァローナ「イボワール」）…400g
色素（赤）…適量
発酵バター…90g
生クリーム（乳脂肪分47%）…450g

▸ **ピスタチオのクレーム・シャンティイ**
（約30個分）

生クリーム（乳脂肪分38%）…200g
グラニュー糖…20g
ピスタチオペースト…3g

▸ **組立て・仕上げ**

ピストレ用ホワイトチョコレート（P.172）…適量
ピスタチオ（くだいたもの）…適量
ピスタチオ（半割りにしたもの）…適量

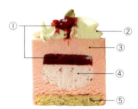

①ペッシュ・ド・ヴィーニュのジュレ
②ピスタチオのクレーム・シャンティイ
③モモのクリーム
④ペッシュ・ド・ヴィーニュの
　クレーム・オ・ブール
⑤ピスタチオのビスキュイ

つくり方

ピスタチオのビスキュイ

下準備：全卵は溶きほぐす／バターは溶かす

① ピスタチオはローストし、ロボクープで細かくくだく。これと、アーモンドパウダー、粉糖、薄力粉、ベーキングパウダー、溶きほぐした全卵をボウルに入れ（**A**）、泡立て器で混ぜる（**B**）。
② 粉けがなくなったら溶かしたバターを加え、つやが出るまで混ぜ合わせる。写真（**C**）は混ぜ終わり。
③ ①をオーブンシートを敷いた60×40cmの天板に流し、230℃のオーブンで約12分焼く。
④ 室温にしばらくおいて粗熱をとり、直径5cmの円形に型ぬきする。焼き面にキルシュシロップを刷毛でぬる（**D**）。

POINT
→ 材料を混ぜる際は、余分な空気を含ませないように、泡立て器をボウルの底に垂直にあてて、円を描くようにして混ぜる。

ペッシュ・ド・ヴィーニュのジュレ

① ペッシュ・ド・ヴィーニュは解凍し、銅鍋に入れてスティックミキサーでつぶす（**A**＆**B**）。
② ①にグラニュー糖とペクチンを加え、泡立て器で混ぜ合わせる。これを中火にかけて絶えずかき混ぜ続け、沸騰してから1〜2分経ったら火からおろす（**C**）。
③ 口径3.5×高さ2cmのフレキシパンに5gずつ入れ（**D**）、冷凍庫で冷やし固める。残りはペッシュ・ド・ヴィーニュのクレーム・オ・ブールと仕上げに使うので、冷蔵庫で冷やしておく。

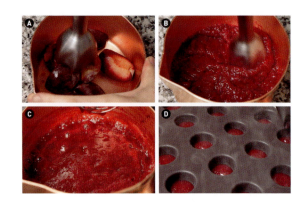

クレーム・オ・ブール

下準備：発酵バターはポマード状にする

① 鍋に卵黄とグラニュー糖Aを入れてすり混ぜる。
② 沸かした牛乳、バニラビーンズを加え、中火にかけて炊く。炊き上がったら火からおろして網で漉し、バニラビーンズのサヤを取り除く。粗熱をとる。
③ 鍋にグラニュー糖Bと水を入れて火にかけ、120℃になるまで加熱する。
④ ボウルに卵白を入れて6〜7分立てにし、③を加えて泡立てる。
⑤ 別のボウルに発酵バターと②を入れて泡立て器で混ぜ合わせ、④を加えてゴムベラで混ぜ合わせる。冷蔵庫で冷やす。

ペッシュ・ド・ヴィーニュのクレーム・オ・ブール

① ボウルにペッシュ・ド・ヴィーニュのジュレとクレーム・オ・ブールを入れ、泡立て器で混ぜ合わせる（**A**）。
② ①を丸口金を付けた絞り袋に入れ、ペッシュ・ド・ヴィーニュのジュレを入れたフレキシパンに縁まで絞る（**B**）。冷凍庫で冷やし固める。

モモのクリーム

下準備：板ゼラチンは冷水でもどす／ホワイトチョコレートは溶かす／生クリームは6〜7分立てにする

① 鍋にモモのピュレ、ペッシュ・ド・ヴィーニュのピュレ、バニラビーンズ、キルシュ、モモのシロップを入れ（**A**）、ゴムベラで混ぜ合わせる。
② ボウルに卵黄を入れて溶きほぐし、①を加えて泡立て器で混ぜる（**B**）。これを①の鍋に戻し、弱火にかけて混ぜながら82℃になるまで加熱する（**C**）。火からおろし、もどした板ゼラチンを加え混ぜる。
③ ボウルに溶かしたホワイトチョコレートを用意し、②を網で漉して加え（**D**）、続けて色素を加え混ぜる。粗熱がとれたら発酵バターを加え混ぜる。
④ ③の温度が30〜33℃になったら、6〜7分立てにした生クリームを混ぜ合わせる。まず③の少量を生クリームを入れたボウルに加えて泡立て器で混ぜ、これを③のボウルに戻して混ぜる（**E**）。全体が均一になったら、ゴムベラに持ち替えて混ぜてキメをととのえる（**F**）。

POINT

→ ピュレや卵黄などを合わせたら82℃で加熱する、バターは粗熱がとれてから加える、30〜33℃になったら生クリームと合わせるなど、各工程で温度を意識すること。

→ 生クリームを加えてからは、泡立てないようにやさしく混ぜ合わせる。

ピスタチオのクレーム・シャンティイ

① ボウルに生クリーム、グラニュー糖、ピスタチオペーストを入れ、泡立て器で混ぜて8〜9分立てにする。写真（**A**）は混ぜ終わり。

~~~~~~

組立て・仕上げ

① プラックにシルパットを重ね、直径5.5×高さ5cmのセルクルを並べる。モモのクリームを丸口金を付けた絞り袋に入れ、セルクルに3.5cmほどの高さまで絞る（**A**）。
② 冷やし固めたペッシュ・ド・ヴィーニュのクレーム・オ・ブールとジュレを、フレキシパンから取り出す（**B**）。これを、ジュレの部分を下にして、ペッシュ・ド・ヴィーニュのクレーム・オ・ブールが少し見えるくらいまで①に埋め込む（**C**）。
③ ペッシュ・ド・ヴィーニュのクレーム・オ・ブールが隠れる程度に、モモのクリームを少量絞る（**D**）。
④ ピスタチオのビスキュイを焼き面を下にして重ねる（**E**）。生地の上にプラックをのせて押し、表面を平らにならす（**F**）。冷凍庫で冷やし固める。
⑤ セルクルをはずし、表面にホワイトチョコレートをピストレがけする。ピスタチオのクレーム・シャンティイを星口金を付けた絞り袋に入れ、上面に円を描くようにして絞る（**G**）。
⑥ ピスタチオのクレーム・シャンティイの上にくだいたピスタチオをちらし、中央に冷やしたペッシュ・ド・ヴィーニュのジュレを丸口金を付けた絞り袋で絞る。半割りにしたピスタチオを飾る（**H**）。

Pâtisserie
Yu Sasage
［パティスリー ユウ ササゲ］

ヌメロ キャトル

オーナーシェフ
捧 雄介さん

ホワイトチョコレート × パッションフルーツ × バナナ

ホワイトチョコレートをオーブンで焼き、キャラメルやメープルシロップを思わせる独特の風味を打ち出した「ショコラ・キュイ」を用いたプチガトー。ショコラ・キュイの魅力をアピールする商品の4作目であり、パッションフルーツとバナナを組み合わせたタルトだ。トップは、こうばしい焼き色をつけたパッションフルーツのシブースト。その下のパート・シュクレの中では、ショコラ・キュイを使ったとろりとしたガナッシュと、ソテーして旨みを凝縮させたバナナがからみ合う。シブーストやガナッシュ、バナナのやわらかな口あたりと、パート・シュクレのザクッとした食感のコントラストも印象的だ。

〔 材料 〕 使用する型：直径7×高さ1.5cmのタルトリング

▸ パート・シュクレ
（約300個分）

薄力粉…1600g
アーモンドパウダー…200g
粉糖…600g
塩…16g
バター…1120g
全卵…320g
バニラペースト…15g

▸ バナナのソテー
（40個分）

バナナ（熟したもの）…8本
グラニュー糖…45g

▸ ショコラ・キュイ
（40個分）

ホワイトチョコレート
（カカオバリー「ブランサタン」）…600g

▸ ショコラ・キュイのガナッシュ
（40個分）

ショコラ・キュイ…上記より全量
生クリーム（乳脂肪分35％）…270g
牛乳…207g
加糖卵黄（20％加糖）…54g

▸ パッションフルーツのシブースト
（40個分）

卵黄…35g
グラニュー糖A…65g
薄力粉…16g
パッションフルーツピュレ…220g
板ゼラチン…5g
グラニュー糖B…180g
水…50g
卵白…122g

▸ パッションフルーツのグラサージュ
（つくりやすい分量）

パッションフルーツピュレ…400g
ナパージュ・ヌートル…80g

▸ 組立て・仕上げ

ショコラ・キュイ＊…適量
粉糖…適量

＊材料は左記。つくり方は次頁を参照

① パッションフルーツのグラサージュ
② パッションフルーツのシブースト
③ ショコラ・キュイのガナッシュ
④ バナナのソテー
⑤ パート・シュクレ

〔 つくり方 〕

パート・シュクレ

下準備：粉類と塩は合わせてふるう／バターと全卵はそれぞれ冷やす

① ボウルに、合わせた粉類と塩、冷やしたバターを入れる。バターをカードできざみ（**A**）、1cm角程度になったら手ですり合わせてそぼろ状にする（**B**）。
② 別のボウルに冷やした全卵とバニラペーストを入れ、カードで混ぜる。これを①に加え、カードで底から返すようにして混ぜる。全体がなじんだらカードでボウルに押し付けるようにして生地をまとめる（**C**）。ラップで包み、冷蔵庫に1晩おく。
③ ②を麺棒などで厚さ1.5mmにのばし、直径10.5cmの円形に型ぬきする（**D**）。

［ 工程④以降は次頁↓ ］

④ 直径7×高さ1.5cmのタルトリングに③を敷き込み（**E**）、余分な生地を切り口の内側が少し高くなるように斜めに切り落とす（**F**）。さらに、爪をタルトリングの縁と生地の間にかませて1周させる（**G**）。
⑤ ④にペーパーカップを入れて重石をのせ（**H**）、165℃のコンベクションオーブンで約25分焼く。重石とペーパーカップをはずし、室温にしばらくおいて粗熱をとる。

POINT
→ 余分な生地を切り口の内側が少し高くなるように斜めに切り落とし、さらに爪をタルトリングの縁と生地の間にかませて1周させておくと、焼き上がったときに縁が平らに仕上がる。

バナナのソテー

① バナナは厚さ3〜5mm程度の輪切りにする。
② フライパンにグラニュー糖を入れ、強火にかけて焦がす（**A**）。
③ ②に①を加え、写真（**B**）のように焦がしたグラニュー糖がまんべんなくからんだら火からおろす。バットにあけて粗熱をとる。

ショコラ・キュイ

① ホワイトチョコレートを天板に広げ、上火・下火ともに120℃のデッキオーブンで約1時間焼く。途中、20分後と40分後にオーブンから取り出してゴムベラで混ぜる。写真（**A**）は20分後の作業の様子。
② 焼き上がったらゴムベラでまとめ（**B**）、冷蔵庫で冷やし固める。

POINT
→ 焼成途中に2度オーブンから取り出して混ぜることで、焼き色が均一になる。

ショコラ・キュイのガナッシュ

① ショコラ・キュイは粗めに割ったり、削ったりして、ボウルに入れる（**A**）。
② 鍋に生クリームと牛乳を入れて火にかけ、沸騰させる。
③ 別のボウルに加糖卵黄を入れ、②を加えて泡立て器で混ぜ合わせる（**B**）。これを②の鍋に戻し、弱火にかけて絶えず混ぜながら83℃になるまで加熱する。
④ ①に③を網で漉して加え（**C**）、ショコラ・キュイが溶けて全体が均一な状態になるまで泡立て器で混ぜる。底に氷水をあて、ゴムベラで混ぜながら20℃前後になるまで冷ます（**D**）。

パッションフルーツのシブースト

下準備：板ゼラチンは冷水でもどす

① ボウルに卵黄とグラニュー糖Aを入れて泡立て器ですり混ぜ、薄力粉を加えてグルテンが出すぎないようにゆっくりと混ぜる（**A**）。
② 鍋にパッションフルーツピュレを入れて火にかける。沸騰したら①のボウルに加え混ぜ、全体がなじんだら鍋に戻して弱火にかけ、絶えず混ぜながらボコボコと大きな気泡が浮くようになるまで加熱する（**B**）。この分量の場合、加熱時間は2～3分が目安。
③ 火からおろし、もどした板ゼラチンを加えて混ぜ溶かす。網で漉してボウルに移す（**C**）。
④ 鍋にグラニュー糖Bの9割量と水を入れて火にかけ、116℃になるまで加熱する（**D**）。
⑤ ミキサーボウルに卵白を入れ、ホイッパーで高速で撹拌する。途中、残りのグラニュー糖Bを投入する。ある程度泡立ったら④を少量ずつ加えながら撹拌し、しっかりと泡立てる（**E**）。
⑥ ③が温かいうちに⑤の一部を加えてゴムベラで混ぜ（**F**）、しっかりと混ざったら残りの⑤を加え、気泡をつぶさないよう、底からすくうようにして手ばやく混ぜる（**G**）。
⑦ ⑥を口径1cmの星口金を付けた絞り袋に入れ、フィルムの上に直径7cmの円形に絞る（**H**）。冷凍庫で冷やし固める。

POINT
→ 工程⑤の段階でしっかりと泡立てておくと、絞りやすい固さに仕上がる。

パッションフルーツのグラサージュ

① 鍋にパッションフルーツピュレとナパージュ・ヌートルを入れて火にかけ、混ぜながら40℃になるまで加熱する。

組立て・仕上げ

① パート・シュクレにバナナのソテーを3～4切れを目安に敷き詰めて（**A**）、ショコラ・キュイのガナッシュをデポジッターで縁まで流す（**B**）。冷凍庫で冷やし固める。
② パッションフルーツのシブーストをバーナーであぶり、焼き色をつける（**C**）。これを網を重ねたブラックに並べ、パッションフルーツのグラサージュをかける。パレットナイフで全体に広げつつ、余分なグラサージュを落とす（**D**）。
③ ①に②を重ね、ショコラ・キュイをナイフで削って上面にちらす（**E**）。縁に粉糖を茶漉しでふる（**F**）。

No. 03

Pâtisserie
PARTAGE

［パティスリー パクタージュ］

~~~~~~

モンテリマール・フランボワーズ

オーナーシェフ
齋藤由季さん

ハチミツ × フランボワーズ × オレンジ

ドライフルーツやナッツを混ぜ込んだハチミツたっぷりのフランス菓子「モンテリマール」を、地元の東京・玉川学園でとれる百花蜜「松香ハニー」を使ってアレンジした。フランボワーズピュレを加えるのもアレンジのポイント。ほのかな酸味でさわやかさを表現するとともに、かわいらしい見た目も演出する。中に仕込んだオレンジのババロワの柑橘の風味でキレもプラス。ドライフルーツやナッツの多彩な食感がアクセントだ。
「主役の素材をきちんとアピールすることを重視しています。このお菓子はハチミツが主役。季節で風味が変わる百花蜜に合わせ、バリエーションを展開するのも面白いですね」（齋藤由季さん）。

材料

使用する型：直径5.5×高さ4.5cmのセルクル

▸ **ビスキュイ・ダックワーズ**
（つくりやすい分量・60×40cmの天板1枚分）

卵白…375g
グラニュー糖…112g
アーモンドパウダー…280g
薄力粉…56g
粉糖…281g

▸ **オレンジのババロワ**
（20個分）

卵黄…30g
ハチミツ…73g
オレンジピュレ…100g
板ゼラチン…3.1g
クレーム・フエッテ*…73g

＊生クリーム（乳脂肪分35%）を6〜7分立てにする

▸ **モンテリマールのクリーム**
（9個分）

牛乳…150g
フランボワーズピュレ…50g
卵黄…93g
薄力粉…10g
ハチミツA…30g
色素（赤）A…適量
板ゼラチン…6g
ハチミツB…5g
ハチミツC…50g
卵白…50g
色素（赤）B…適量
クレーム・フエッテ*…100g

＊生クリーム（乳脂肪分35%）を6〜7分立てにする

▸ **ガルニチュール**
（9個分）

ドレンチェリー（赤）…12g
ドレンチェリー（緑）…12g
オレンジコンフィ…50g
トリプルセック…15g

▸ **組立て・仕上げ**

ドレンチェリー（緑）…適量
ドレンチェリー（赤）…適量
オレンジコンフィ…適量
ローストしたアーモンド（皮付き）…適量
ローストしたピスタチオ…適量
ナパージュ・ヌートル…適量

①ガルニチュール
②モンテリマールのクリーム
③オレンジのババロワ
④ビスキュイ・ダックワーズ

つくり方

ビスキュイ・ダックワーズ

下準備：卵白は冷やす／アーモンドパウダー、薄力粉、粉糖は合わせてふるう

① ミキサーボウルに冷やした卵白を入れ、グラニュー糖を加えてホイッパーで中速で撹拌する（Ⓐ）。写真（Ⓑ）のように、すくうと角がたれるくらいが仕上がりの目安。
② ①をボウルに移し、合わせた粉類を加えながら気泡がつぶれないようにゴムベラで底からすくうようにしてさっくりと混ぜる。
③ オーブンシートを敷いた60×40cmの天板に②を流し、パレットナイフでのばして平らにする（Ⓒ）。天板の縁に付いた生地を指でぬぐう。
④ 185℃のコンベクションオーブンで10〜13分焼く。生地を指で軽く押して、はね返るような弾力があれば焼き上がり（Ⓓ）。すぐに天板をはずし、室温にしばらくおいて粗熱をとる。直径4.5cmの円形に型ぬきする。

POINT

→ グラニュー糖の量が少なく、気泡が安定しにくいので、グラニュー糖は卵白に一度に加えて泡立てる。

→ 天板の縁に付いた生地をぬぐっておくと、焼成後に天板をはずしやすくなる。

オレンジのババロワ

下準備：卵黄は溶きほぐす／板ゼラチンは冷水でもどす

① ボウルに溶きほぐした卵黄を入れ、ハチミツを加えて泡立て器ですり混ぜる（**A**）。
② 鍋にオレンジピュレを入れて火にかけ、液面の縁に小さな気泡が浮きはじめたら火からおろす。
③ ①のボウルを弱火にかけ、②を加え混ぜる（**B**）。とろりとした質感になるまで、泡立て器をつねにボウルの底にあてて絶えず混ぜながら加熱し（**C**）、82℃になったら火からおろす。
④ スティックミキサーに持ち替えて撹拌し、全体がよりなめらかになったらもどした板ゼラチンを加え、ゴムベラで混ぜ溶かす。
⑤ 網で漉して別のボウルに移し、底に氷水をあてて混ぜながら冷やす。写真（**D**）のように、ゴムベラですくうと、すーっと落ちる程度の固さに仕上げる。仕上がりの温度の目安は17〜18℃。
⑥ クレーム・フエッテを半量加え、泡立て器で混ぜる。ある程度混ざったら残りのクレーム・フエッテを加えて泡立て器で混ぜる。ある程度混ざったらゴムベラに持ち替えて、混ぜ残しがないようにさっくりと混ぜる（**E**）。
⑦ フィルムを敷いたバットに流してカードなどで厚さ2cmにのばして平らにならし、冷蔵庫で冷やし固める（**F**）。3cm角に切り分ける。

モンテリマールのクリーム

下準備：卵黄は溶きほぐす／板ゼラチンは冷水でもどす

① 鍋に牛乳を入れて火にかけ、牛乳の縁に気泡が浮きはじめるまで加熱する。この作業と並行して、別の鍋にフランボワーズピュレを入れて火にかけ、ゴムベラで混ぜながら加熱する。
② ボウルに溶きほぐした卵黄、薄力粉、ハチミツAを入れ、泡立て器ですり混ぜる（**A**）。①のフランボワーズピュレを加え混ぜ、フランボワーズピュレが入っていた鍋に戻す。
③ ②に①の牛乳、色素（赤）Aを順に加え、泡立て器で混ぜながら炊く（**B**）。コシが切れ、つやが出てきたら炊き上がり（**C**）。
④ もどした板ゼラチンを加えて混ぜ溶かし、網で漉してボウルに移す（**D**）。底に氷水をあてて冷まし、ハチミツBを加え混ぜる。
⑤ 鍋にハチミツCを入れて火にかけ、118℃になるまで加熱する（**E**）。
⑥ ミキサーボウルに卵白を入れ、ホイッパーで高速で撹拌する。撹拌しながら⑤を少量ずつ加え、すくうと角がピンと立つ程度の固さになるまでさらに撹拌する。仕上がる直前に色素（赤）Bを加える。写真（**F**）は仕上がり。
⑦ ④にクレーム・フエッテを半量加えて泡立て器でしっかりと混ぜ、残りのクレーム・フエッテを加えてさっくりと混ぜる。⑥を加え、軽く混ぜる。

POINT
→ 冷ましてからハチミツBを加えることで、ハチミツの風味がとぶのを防ぐ。

ガルニチュール

① ドレンチェリー2種類とオレンジコンフィを細かくきざんでボウルに入れ、トリプルセックを加え混ぜる（**Ⓐ**）。

~~~~~~

組立て・仕上げ

① モンテリマールのクリームにガルニチュールを加え、ゴムベラで気泡がつぶれないようにさっくりと混ぜる（**Ⓐ**）。
② ドレンチェリー2種類、オレンジコンフィ、ローストしたアーモンドとピスタチオを粗くきざむ。
③ フィルムを敷いたバットに、直径5.5×高さ4.5cmのセルクルを並べ、セルクルに②をバランスよく入れる。
④ ①を丸口金を付けた絞り袋に入れ、③のセルクルに8分目くらいの高さまで絞る（**Ⓑ**）。
⑤ ④のセルクルの中のクリームを、スプーンの背で縁までのばしてすり鉢状にする（**Ⓒ**）。できたくぼみにオレンジのババロワを入れ、指で軽く押して沈める（**Ⓓ**）。
⑥ オレンジのババロワが隠れる程度にふたたび①を絞り、スプーンの背で表面を平らにならす。ビスキュイ・ダックワーズを焼き面を下にして重ね、手で押さえる（**Ⓔ**）。冷凍庫で冷やし固める。
⑦ セルクルをはずし、ビスキュイ・ダックワーズを下にして網を重ねたバットに置く。ナパージュ・ヌートルをかけ、パレットナイフで表面を平らにならす（**Ⓕ**）。

Libertable
[リベルターブル]
~~~~~~
アジュール

オーナーシェフ
森田一頼さん

レモン×ベルガモット

「ベルガモットを生かしたプチガトーを」と開発した1品。ベルガモットの相棒として、同じ柑橘類からレモンをチョイス。レモンを使った定番菓子のタルト・シトロンをモダンにアレンジした。ベルガモットとレモンのクリームをベルガモットのメレンゲで包み、ころんとした愛らしいフォルムに。クリームの中にはレモンのジュレをしのばせ、インパクトのある酸味を演出している。土台のパート・シュクレにもひと工夫。カルダモンの風味をまとわせることで、全体を上品な雰囲気にまとめた。土台とクリームの間にクルスティヤンの薄い層を仕込み、サクサクとした食感もプラス。

〔 材料 〕 使用する型：直径5.5×高さ3.5cmのセルクル

▸ カルダモン風味のパート・シュクレ
（20個分）
バター…150g
粉糖…100g
卵黄…40g
牛乳…15g
薄力粉…250g
カルダモンパウダー…5g

▸ レモンのジュレ
（20個分）
レモン果汁…175g
板ゼラチン…7.5g
グラニュー糖…75g
レモンの皮…1と1/2個分

▸ ヘーゼルナッツのプラリネ
（つくりやすい分量）
グラニュー糖…1000g
水…250g
ヘーゼルナッツ…1000g

▸ クルスティヤン
（20個分）
ジャンドゥーヤ
（ペイラーノ「ジャンドゥイオッティ・アンティーコ」）…150g
ヘーゼルナッツのプラリネ…上記より50g
フイヤンティーヌ…100g

▸ ベルガモットとレモンのクリーム
（20個分）
ベルガモットピュレ…250g
レモン果汁…250g
レモンの皮…5個分
全卵…800g
グラニュー糖…300g
板ゼラチン…12g
バター…300g
ベルガモットオイル…7滴

▸ ベルガモットのメレンゲ
（20個分）
グラニュー糖…175g
水…50g
卵白…100g
ベルガモットオイル…2滴

▸ レモンのコンフィ
（つくりやすい分量）
レモンの皮…適量
水…適量
グラニュー糖…適量

▸ 組立て・仕上げ
粉糖…適量

①レモンのコンフィ
②ベルガモットのメレンゲ
③ベルガモットとレモンのクリーム
④レモンのジュレ
⑤クルスティヤン
⑥カルダモン風味のパート・シュクレ

~~~~~~

〔 つくり方 〕

カルダモン風味のパート・シュクレ
下準備：バターは室温にもどす

① ミキサーボウルにバターと粉糖を入れ、全体がなじむまで中速で撹拌する。卵黄、牛乳、薄力粉、カルダモンパウダーを順に加え、粉けがなくなるまで撹拌する。ラップで包み、冷蔵庫に1晩おく。
② 麺棒などで厚さ3mmにのばし、直径6.5cmの円形に型ぬきする。170℃のコンベクションオーブンで13～14分焼く。写真（Ⓐ）は、左は焼成前、右は焼成後。室温にしばらくおいて粗熱をとる。

レモンのジュレ

下準備：板ゼラチンは冷水でもどす／レモンの皮はすりおろす

① 鍋にレモン果汁の一部を入れて火にかける。沸騰直前になったら火からおろし、もどした板ゼラチンを加えて混ぜ溶かす。残りのレモン果汁、グラニュー糖、すりおろしたレモンの皮を加え混ぜる。
② 直径3cmの半球形のフレキシパンに①をデポジッターで流し（**A**）、冷凍庫で冷やし固める。

ヘーゼルナッツのプラリネ

① 鍋にグラニュー糖と水を入れて火にかけ、120℃になったら火からおろす。
② ①にヘーゼルナッツを加え混ぜ、ふたたび火にかける。ヘーゼルナッツがキャラメリゼされたらバットにあけて粗熱をとり、ほぐす。
③ ②をミキサーに移し、ペースト状になるまで撹拌する。

クルスティヤン

① 鍋にジャンドゥーヤとヘーゼルナッツのプラリネを入れ、湯煎にして溶かす。溶けたら湯煎をはずす。
② ①にフイヤンティーヌを加え、全体がなじむ程度にゴムベラで混ぜる（**A**）。フイヤンティーヌは、大きな固まりがある場合は、手で軽くつぶしてから加えるとよい。
③ ②を40×30cmのバットにあけ、フイヤンティーヌがなめらかになるまで、パレットナイフでこすりつけるようにしてつぶす（**B**）。なめらかになったらバットの四隅まで広げ、平らにならす（**C**）。

ベルガモットとレモンのクリーム

下準備：レモンの皮はすりおろす／全卵は室温にもどす／板ゼラチンは冷水でもどす／バターは小角切りにする

① 鍋にベルガモットピュレ、レモン果汁、すりおろしたレモンの皮を入れ、強火にかけて沸騰させる（**A**）。沸騰したら80〜90℃に調整する。
② ボウルに全卵を入れて溶きほぐし、グラニュー糖を加えて泡立て器で全体がなじむ程度に混ぜる。①を2回に分けて加え混ぜる（**B**）。
③ ②のボウルを弱火〜中火にかけ、ダマができないように泡立て器で絶えず混ぜながら、6〜7分程度加熱する（**C**）。全体がなめらかになり、混ぜると筋が残るようになったら火からおろす。もどした板ゼラチンを加えて混ぜ溶かす（**D**）。
④ ③を深さのあるボウルに移し、底に氷水をあててゴムベラで混ぜながら35〜40℃になるまで冷ます（**E**）。

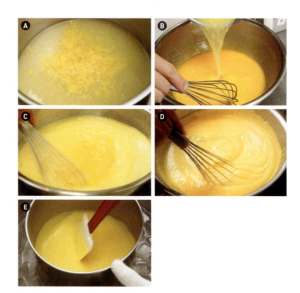

⑤ 小角切りにしたバターを加え、スティックミキサーで全体が均一な状態になるまで撹拌する（**F**）。
⑥ ベルガモットオイルを加えてゴムベラで混ぜ合わせる（**G**）。

POINT
→ 工程①では、長時間火にかけると素材の酸味がとんでしまうため、強火でなるべく短時間のうちに沸騰させる。
→ 工程③では、5分ほど弱火〜中火で加熱すると、しっかりと火がとおり、ボコボコと気泡が浮いてきて、とろみがついてくる。そこからもう1〜2分加熱すると全体がなめらかな状態になる。

ベルガモットのメレンゲ

① 鍋にグラニュー糖と水を入れて火にかけ、116℃になるまで加熱する。
② ミキサーボウルに卵白を入れ、6〜7分立てになるまでホイッパーで撹拌する。①を加えながらさらに撹拌し（**A**）、最後に低速で撹拌してきめをととのえる。
③ ベルガモットオイルを加え（**B**）、ゴムベラで混ぜ合わせる。

POINT
→ 工程①でつくったシロップは、熱いうちに泡立てた卵白と合わせる。シロップの温度が低いとボリュームのない仕上がりになるので注意。
→ ベルガモットのメレンゲはできたてのボリューム感を生かすため、組立て・仕上げの工程①と②を終えたタイミングで仕込むとよい。

レモンのコンフィ

① レモンの皮を帯状に切り、たっぷりの水とともに鍋に入れて火にかけ、グラニュー糖を少しずつ加えながらレモンの皮がやわらかくなるまで煮る。

組立て・仕上げ

① バットに仕込んだクルスティヤンの上に直径5.5×高さ3.5cmのセルクルを並べる。バットなどを使って上からセルクルを押し、クルスティヤンを丸くぬいてセルクルにはめる（**A**）。
② ベルガモットとレモンのクリームを丸口金を付けた絞り袋に入れ、①のセルクルに厚さ3cmに絞る。レモンのジュレを上面が少し見える程度まで埋め込む。
③ レモンのジュレが隠れる程度にベルガモットとレモンのクリームを絞り（**B**）、冷凍庫で冷やし固める。
④ ③のセルクルをはずし、クルスティヤンの面にフォークを刺す（**C**）。これをミキサーボウルに入ったベルガモットのメレンゲにくぐらせ、ベルガモットのメレンゲを表面にまとわせる（**D**）。
⑤ 縁に付いたベルガモットのメレンゲを指でぬぐって形をととのえ（**E**）、フォークを抜いてカルダモン風味のパート・シュクレの上にのせる。
⑥ ベルガモットのメレンゲをバーナーであぶり、レモンのコンフィを細切りにして飾る。粉糖をふる。

POINT
→ ベルガモットのメレンゲにくぐらせるときは、フォークをまわすようにして引き上げると、ベルガモットのメレンゲをたっぷりとまとわせることができる。

Pâtisserie
Rechercher

［パティスリー ルシェルシェ］

~~~~~~

オリエン

オーナーシェフ
村田義武さん

紅茶 × ホワイトチョコレート × カシス

紅茶（アールグレイ）とホワイトチョコレートを使った濃厚かつまろやかなムースと、
じっくりと煮詰めて凝縮した味わいに仕上げたカシスのコンフィチュールの間に、
たっぷりのバターを加えたカシスのクリームを仕込むのがポイント。
「さわやかな香りでまろやかな味わいのホワイトチョコレートと紅茶のムースと、味、酸味ともに
インパクトの強いカシスのコンフィチュールを、なめらかなカシスのクリームがつないでくれるので、
口の中で各パーツが衝突し合うことなく、調和します」と村田義武さん。
カシスのコンフィチュールとクランブルで飾って、上品かつ愛らしい表情に。

材料

使用する型：直径6.5×高さ2cmのセルクル、直径7×高さ2cmのタルトリング

▶ **パート・シュクレ**
（50個分）

発酵バター…450g
塩…4g
粉糖…337g
バニラシュガー…適量
薄力粉…656g
フランスパン用粉…225g
アーモンドパウダー…130g
全卵…187g
ドリュール*…適量

＊卵黄と水を同割で混ぜ合わせる

▶ **カシスのコンフィチュール**
（50個分）

カシスピュレ…560g
グラニュー糖…200g
ペクチン…10g
レモン果汁…60g
カシスリキュール…25g

▶ **カシスのクリーム**
（50個分）

カシスピュレ…500g
グラニュー糖…400g
バター…500g
全卵…500g

▶ **ホワイトチョコレートと紅茶のムース**
（50個分）

紅茶の茶葉（アールグレイ）…10g
卵黄…128g
グラニュー糖…47g
牛乳A…317g
牛乳B…適量
板ゼラチン…14g
ホワイトチョコレート
（大東カカオ「スペリオールソワブラン」）…317g
生クリーム（乳脂肪分35％）…800g

▶ **紅茶のグラサージュ**
（つくりやすい分量）

紅茶の茶葉（アールグレイ）…5g
生クリームA（乳脂肪分35％）…200g
生クリームB（乳脂肪分35％）…適量
板ゼラチン…8g
ホワイトチョコレート
（大東カカオ「スペリオールソワブラン」）…375g
ナパージュ・ヌートル…150g
水…25g

▶ **紅茶のクランブル**
（つくりやすい分量）

発酵バター…450g
粉糖…450g
アーモンドパウダー…450g
薄力粉…656g
紅茶の茶葉（アールグレイ）…10g

▶ **組立て・仕上げ**

カシスのコンフィチュール*…適量

＊材料は左記。つくり方は次頁を参照

① カシスのコンフィチュール
② 紅茶のグラサージュ
③ ホワイトチョコレートと紅茶のムース
④ 紅茶のクランブル
⑤ カシスのクリーム
⑥ パート・シュクレ

つくり方

パート・シュクレ

下準備：全卵は溶きほぐす

① ミキサーボウルに全卵とドリュール以外の材料を入れ、ビーターで中速で攪拌する。全体がなじんだら、溶きほぐした全卵を少量ずつ加えながら攪拌する。なめらかな状態になったら作業台に取り出し、四角く成形してラップで包み、冷蔵庫に1晩おく。

② ①を麺棒などで厚さ2.5mmにのばし、直径12cmの円形に型ぬきする。これを直径7×高さ2cmのタルトリングに敷き込み、余分な生地を切り落とし、冷蔵庫に1時間おく。

③ ②にオーブンシートを敷き込み、重石をのせる。160℃のコンベクションオーブンで約25分焼く。いったん取り出して生地の内側にドリュールを刷毛でぬり、さらに160℃のコンベクションオーブンで約5分焼く。室温にしばらくおいて粗熱をとる。

POINT
→ 生地にドリュールをぬって膜を張らせることで、コンフィチュールなどの水分が生地に浸透するのを防ぐ。

カシスのコンフィチュール

下準備：グラニュー糖とペクチンは混ぜ合わせる

① 銅ボウルにカシスピュレを入れて中火にかけ、合わせたグラニュー糖とペクチンの半量とレモン果汁を加え、泡立て器で混ぜながら炊く（**A**）。
② 写真（**B**）のように気泡が浮いて沸いてきたら、残りのグラニュー糖とペクチンを加え、さらに炊く。炊き上がりの目安は、写真（**C**）のように、人差し指と親指で少量をつまんで開くとのびるくらいの粘りけがある状態。
③ 火を止め、カシスリキュールを混ぜ合わせる。バットに広げ（**D**）、ラップを密着させて冷蔵庫で冷やす。

POINT
→ グラニュー糖とペクチンを一度に加えると焦げやすくなり、色が悪くなる。2回に分けて加えることで、カシスの鮮やかな色をキープする。

~~~~~~

カシスのクリーム

① ボウルにカシスピュレと、グラニュー糖の半量を入れて混ぜ合わせる。これを銅ボウルに移し、バターを加えて中火にかける（**A**）。
② 別のボウルに残りのグラニュー糖と全卵を入れ、泡立て器ですり混ぜる。
③ ①のバターが溶けきったら②を網で漉して加え、泡立て器で絶えず混ぜながら炊く。沸騰して1〜2分経ったら火からおろす。
④ ③を高さのある容器に移し、スティックミキサーでなめらかになるまで撹拌する（**B**）。バットに移して粗熱をとり、冷蔵庫で冷やす。

~~~~~~

ホワイトチョコレートと紅茶のムース

下準備：板ゼラチンは氷水でもどす／ホワイトチョコレートは溶かす／生クリームは7分立てにする

① ボウルに紅茶の茶葉を入れ、かぶる程度に水（分量外、茶葉の3〜6倍量が目安）を加えて冷蔵庫に1晩おく。
② 別のボウルに卵黄とグラニュー糖を入れ、白っぽくなるまで泡立て器ですり混ぜる。
③ 鍋に牛乳Aを入れ、①の水を吸った茶葉とボウルに残った汁を加えて中火にかける。沸いたら火を止め、ふたをして5分蒸らす（**A**）。網で漉して計量し（**B**）、牛乳Bを足して317gになるように調整する。
④ ②と③を鍋に入れ、泡立て器で混ぜ合わせて中火にかける。泡立て器で絶えず混ぜながら炊き、80℃になったら火からおろす。もどした板ゼラチンを加え（**C**）、ゴムベラで混ぜ溶かす。
⑤ ボウルに溶かしたホワイトチョコレートを用意し、④を網で漉して加え、スティックミキサーでなめらかになるまで撹拌する。底に氷水をあて、20℃になるまでゴムベラで静かに混ぜながら冷やす（**D**）。
⑥ 別のボウルに7分立てにした生クリームを用意し、⑤を少量加えてゴムベラで混ぜ合わせ、なじんだら残りの⑤を加え混ぜる（**E**）。
⑦ ⑥を絞り袋に入れ、直径6.5×高さ2cmのセルクルに縁まで絞る（**F**）。冷凍庫で冷やし固める。

POINT
→ 工程④〜⑥では、要所要所でゴムベラを用いて極力泡立てないように混ぜると、なめらかなムースに仕上がる。

紅茶のグラサージュ

下準備：板ゼラチンは冷水でもどす／ホワイトチョコレートは溶かす

① ボウルに紅茶の茶葉を入れ、かぶる程度に水（分量外、茶葉の3〜6倍量が目安）を加えて冷蔵庫に1晩おく。
② 鍋に生クリームAを入れ、①の水を吸った茶葉とボウルに残った汁を加えて中火にかける。沸いたら火を止め、ふたをして5分蒸らす。網で漉し、生クリームBを足して200gになるように調整する。熱いうちにもどした板ゼラチンを加えて混ぜ溶かす。
③ ボウルに溶かしたホワイトチョコレートを用意し、②を網で漉して加え混ぜる。
④ 鍋にナパージュ・ヌートルと水を入れて中火にかけ、ナパージュ・ヌートルが溶けたら火を止め、③を加える。スティックミキサーでなめらかになるまで撹拌し、冷蔵庫に1晩おく。写真（Ⓐ）は1晩おいたもの。

~~~~~~

紅茶のクランブル

下準備：紅茶の茶葉は細かく粉砕する

① ミキサーボウルにすべての材料を入れて撹拌し、ほぼまとまったら粗めのザルで漉してそぼろ状にする。冷凍したのち、160℃のコンベクションオーブンで約25分焼く。室温において粗熱をとる（Ⓐ）。

~~~~~~

組立て・仕上げ

① カシスのコンフィチュールを丸口金を付けた絞り袋に入れ、空焼きしたパート・シュクレに渦巻き状に15gずつ絞る（Ⓐ）。
② カシスのクリームを丸口金を付けた絞り袋に入れ、パート・シュクレの縁いっぱいまで絞る（Ⓑ）。表面をパレットナイフで平らにならし（Ⓒ）、冷凍庫で冷やし固める。
③ ホワイトチョコレートと紅茶のムースのセルクルをはずし、網を重ねたプラックにのせて紅茶のグラサージュをかける（Ⓓ）。パレットナイフで平らにならし、余分なグラサージュを落とす（Ⓔ）。
④ ②に③を重ね（Ⓕ）、ムースのまわりに紅茶のクランブルを貼り付ける（Ⓖ）。
⑤ 上面にカシスのコンフィチュールをコルネで水玉模様に絞る（Ⓗ）。

acidracines
[アシッドラシーヌ]
~~~~~~
タルトシトロン・ピスターシュ

オーナーシェフ
橋本 太 さん

レモン × ピスタチオ

「タルトの構成は、僕のなかでそのときどきの流行がある」と橋本太さん。
上層は香りのパーツ、下層は油脂分の多い濃厚な味わいのパーツとし、そこにアクセントとなる
パーツを組み込むのが、「タルトシトロン・ピスターシュ」開発当時のブームだったそう。
上層のレモンムースは、「レモンだけだと香りの線が細い」と、カルダモンを加えて
華やかで広がりのある香りに。下層はいずれもピスタチオ風味に仕立てたクリームとアパレイユを
メインとしつつ、その間にレモンのマーマレードとピスタチオを挟んでアクセントに。
おだやかな表情の内に、メリハリのある味、香り、食感を秘めたプチガトーだ。

材料

使用する型：直径7×高さ1cmのタルトリング

▸ **パート・シュクレ**
（約20個分）

バター…158g
粉糖…95g
全卵…37.8g
アーモンドパウダー…25.2g
薄力粉…210g
ベーキングパウダー…1g

▸ **ピスタチオのアパレイユ**
（つくりやすい分量）

全卵…120g
グラニュー糖…145g
サワークリーム…50g
ピスタチオペースト…10g
ホワイトチョコレート（ヴァローナ「オパリス」）…30g
ピスタチオパウダー…100g
カスタードパウダー…3g
生クリーム（乳脂肪分35％）…100g
アーモンドリキュール…10g

▸ **カルダモン風味のレモンムース**
（39個分）

レモンピュレ…255g
水…135g
牛乳…150g
レモンの皮…1個分
カルダモン…19粒
卵黄…135g
グラニュー糖…282g
薄力粉…10.8g
板ゼラチン…20g
生クリーム（乳脂肪分35％）…594g
イタリアンメレンゲ（P.173）…176g

▸ **ピスタチオのクレーム・オ・ブール**
（12個分）

ピスタチオペースト…20g
クレーム・オ・ブール（P.173）…100g
クレーム・パティシエール（P.173）…50g

▸ **レモンのマーマレード**
（つくりやすい分量）

レモン…3個
レモンピュレ…適量
水…200g
レモン果汁…20g
グラニュー糖…450g
ペクチン…18g

▸ **組立て・仕上げ**

ピスタチオ…適量
ピストレ用ホワイトチョコレート（P.173）…適量

① ピスタチオ
② カルダモン風味のレモンムース
③ ピスタチオのクレーム・オ・ブール
④ レモンのマーマレード＆ピスタチオ
⑤ ピスタチオのアパレイユ
⑥ パート・シュクレ

つくり方

パート・シュクレ

下準備：バターはポマード状にする／薄力粉とベーキングパウダーは合わせてふるう

① ミキサーボウルにポマード状にしたバターと粉糖を入れ、粉けがなくなるまでビーターで低速で撹拌する。中速に切り替え、全体が白っぽくなるまで撹拌する。
② 低速に戻し、全卵を加えて全体が均一な状態になるまで撹拌する。途中で撹拌を止め、混ざっていない卵液をゴムベラでボウルの底に押し込む（Ⓐ）。
③ アーモンドパウダー、合わせた薄力粉とベーキングパウダーを順に加え、そのつど低速で数十秒撹拌する。この時点でしっかりと混ぜ合わせる必要はない。写真（Ⓑ）は混ぜ終わり。

［工程④以降は次頁↓］

④ カードでダマがなくなるまで混ぜる。ビニールシートにのせ、四角く、平らに形をととのえながらビニールシートでぴったりとくるむ（**C**）。冷蔵庫に1晩おく。

⑤ ④を麺棒などで厚さ1.5mmにのばし、直径10cmほどの円形に型ぬきする。

⑥ 直径7×高さ1cmのタルトリングの内側にバター（分量外）を薄くぬり、⑤を敷き込んで余分な生地を切り落とす（**D**）。オーブンシートを敷き込んで重石をのせる（**E**）。185℃のコンベクションオーブンで約9分焼く。

⑦ 焼き上がったら、ほんのり温かいうちに重石とオーブンシートをはずし、縁をおろし金などで削って平らにならす（**F**）。

POINT
→ 工程②で、混ざっていない卵液をゴムベラでボウルの底に押し込むようにすると、「軽く、サクサクとした食感に仕上がりやすくなる」（橋本さん）。

ピスタチオのアパレイユ

下準備：ホワイトチョコレートは溶かす／ピスタチオパウダーとカスタードパウダーは合わせてふるう

① ボウルに全卵を入れて泡立て器で溶きほぐし、グラニュー糖を加えてすり混ぜる。

② 別のボウルにサワークリームを入れ、①を少量加えて泡立て器で混ぜる（**A**）。これを①のボウルに戻し（**B**）、しっかりと混ぜ合わせる。

③ 別のボウルにピスタチオペーストを入れ、②と同じ要領で②を混ぜ合わせる（**C** & **D**）。続いて溶かしたホワイトチョコレートを同じ要領で混ぜ合わせる。

④ 合わせたピスタチオパウダーとカスタードパウダー、生クリーム、アーモンドリキュールを順に加え、そのつど泡立て器でしっかりと混ぜ合わせる。ラップを密着させて冷蔵庫に1晩おく。

POINT
→ サワークリームと全卵などを混ぜ合わせるときは、混ぜムラやダマができるのを防ぐため、2回に分けて合わせる。
→ ピスタチオペーストとホワイトチョコレートも、とくにダマになりやすいので注意。

カルダモン風味のレモンムース

下準備：板ゼラチンは冷水でもどす

① 鍋にレモンピュレ、水、牛乳を入れ、レモンの皮をすりおろしながら加える（**A**）。

② カルダモンを細かくきざみ（**B**）、①の鍋に入れて火にかける。

③ ボウルに卵黄とグラニュー糖を入れて泡立て器ですり混ぜ、薄力粉を加え混ぜる。

④ ②が沸いたら（**C**）、半量を③のボウルに加えて泡立て器で混ぜる。これを②の鍋に戻して火にかけ、「クレーム・アングレーズよりも少し固め」（橋本さん）に炊く。写真（**D**）は炊き上がり。

⑤ ④を火からおろし、もどした板ゼラチンを加えて混ぜ溶かす。網で漉してボウルに移し（E）、底に氷水をあててゴムベラで混ぜながら26℃になるまで冷ます。
⑥ 別のボウルに生クリームを入れて泡立て器で8〜9分立てにし、⑤を数回に分けて加え、そのつど泡立て器で混ぜる（F）。続いてイタリアンメレンゲを加え、ゴムベラに持ち替えてしっかりと混ぜ合わせる。写真（G）は混ぜ終わり。
⑦ フィルムを敷いたプラックに直径7×高さ1cmのタルトリングを並べ、⑥を絞り袋に入れてタルトリングの縁いっぱいまで絞る（H）。スプーンの背で平らにならす。冷凍庫で冷やし固め、タルトリングをはずして周囲にフィルムを巻き、再度冷凍庫に入れて保管する。

POINT
→ レモンとカルダモンは風味を生かすため、使用する直前にすりおろしたり、きざんだりする。
→ 牛乳は「あとから入れるとムースの味が薄くなりがち」（橋本さん）。そこで、レモンピュレなどを加熱する際に一緒に加える。

ピスタチオのクレーム・オ・ブール

① ボウルにピスタチオペースト、クレーム・オ・ブール、クレーム・パティシエールを入れ、混ぜ合わせる（A&B）。

レモンのマーマレード

① レモンは皮、わた、果肉に切り分け、皮とわたは4回ゆでこぼす。
② ゆでこぼした皮とわた、果肉を合わせて計量し、レモンピュレを足して1000gになるように調整する。
③ ロボクープに②を入れ、少し粒が残る程度に撹拌する。
④ ③を鍋に移し、水、レモン果汁、グラニュー糖、ペクチンを加えて火にかけ、ブリックス52％になるまで炊く。粗熱をとり、冷蔵庫で冷やす。写真（A）は冷やした状態。

組立て・仕上げ

① ピスタチオはみじん切りにする（A）。
② ピスタチオのアパレイユを絞り袋に入れ、空焼きしたパート・シュクレに12gずつ絞る。①を5gずつちらし（B）、軽く揺すって平らにならす。
③ ②を天板に並べ、185℃のコンベクションオーブンで約5分焼き、天板の前後を入れ替えてさらに約5分焼く。室温において粗熱をとる。
④ セルクルをはずし、レモンのマーマレードを5gずつのせ（C）、スプーンの背で平らにならす。
⑤ ピスタチオのクレーム・オ・ブールを④に適量のせ、パレットナイフでパート・シュクレの縁の高さに合わせてならす（D）。
⑥ カルダモン風味のレモンムースの上面にホワイトチョコレートをピストレがけし（E）、その面を上にして⑤に重ねる。ムースの周囲のフィルムをはずし、上面にナパージュ・ヌートル（分量外）をコルネで絞ってピスタチオを接着する（F）。

POINT
→ ピスタチオのアパレイユにちらすピスタチオは、風味を生かすため、ホールで仕入れた生のものを使用する直前にきざむ。

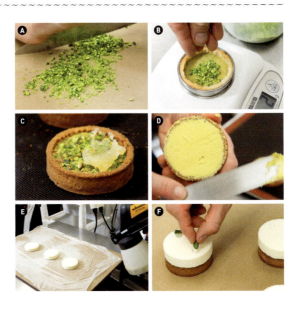

M-Boutique
OSAKA MARRIOTT
MIYAKO HOTEL

［エム-ブティック 大阪マリオット都ホテル］

~~~~~~

プロフーモ

飲料部ペストリー料理長
赤崎哲朗さん

レモン×ヘーゼルナッツ

イタリア語で「香り」と名づけられた、シンプルかつ上品なデザインのプチガトー。
レモンとヘーゼルナッツを主役にした1品だが、赤崎哲朗さんが提案するのは
個々の香りの魅力ではなく、「自然の香りを融合させて生まれる新たな香り」。
上層の白いクリームと下層のパン・ド・ジェンヌはそれぞれヘーゼルナッツの香りを、
中央にのせたコンフィチュールはレモンとアプリコットの香りと甘ずっぱさを主張する。
しかし、同時に口にすると、さわやかで青々とした第3の香りが広がる。
「たとえるならフレッシュのタイム」──赤崎流の香りのマジックが食べ手を魅了する。

(材料)　使用する型：口径7×高さ2.3cmのサバラン形のフレキシパン、直径7×高さ1.5cmのタルトリング

▸ **ヘーゼルナッツのパン・ド・ジェンヌ**
（36個分）

ヘーゼルナッツペースト＊（リューベッカ）…536g
全卵…338g
粉糖…123g
レモンの皮…2個分
薄力粉…139g
ベーキングパウダー…3.4g
バター…165g
コアントロー…82g

＊ローマジパンのアーモンドをヘーゼルナッツに置き換えたような加工品

▸ **ヘーゼルナッツと
ホワイトチョコレートのクリーム**
（36個分）

生クリームA（乳脂肪分36％）…312.5g
ローストしたヘーゼルナッツ（皮なし）…100g
板ゼラチン…10g
ホワイトチョコレート
（ヴァローナ「イボワール」）…375g
生クリームB（乳脂肪分36％）…687.5g

▸ **レモンとアプリコットのコンフィチュール**
（つくりやすい分量）

レモン…2個
グラニュー糖A…125g
アプリコット（冷凍）…500g
グラニュー糖B…250g
カカオバター…25g
コアントロー…32g
ローストしたヘーゼルナッツ（皮なし）…125g

▸ **コアントローのシロップ**
（つくりやすい分量）

水…150g
グラニュー糖…75g
コアントロー…50g

▸ **組立て・仕上げ**

粉糖…適量
タイム（生）…適量
ローストしたヘーゼルナッツ（皮なし）…適量

①タイム
②ローストしたヘーゼルナッツ
③レモンとアプリコットのコンフィチュール
④ヘーゼルナッツとホワイトチョコレートのクリーム
⑤ヘーゼルナッツのパン・ド・ジェンヌ

(つくり方)

ヘーゼルナッツのパン・ド・ジェンヌ

下準備：ヘーゼルナッツペーストは温める／レモンの皮は細かくすりおろす／薄力粉とベーキングパウダーは合わせてふるう／バターは溶かす

① ボウルに温めたヘーゼルナッツペーストと、全卵の約半量を入れ、ペーストの固まりをほぐすようにして手で混ぜる（**Ⓐ**）。ある程度ほぐれたら泡立て器で混ぜ、全体がなじんできたら粉糖を加え混ぜ（**Ⓑ**）、さらに残りの全卵を加え混ぜる。
② ①を湯煎にし、泡立て器で混ぜながら40℃になるまで温める（**Ⓒ**）。
③ ②をミキサーボウルに移してホイッパーで中速または高速で撹拌し、途中ですりおろしたレモンの皮を加える。写真（**Ⓓ**）のように、すくうとリボン状に落ちる状態になったら混ぜ終わり。

［工程④以降は次頁↓］

④ ③をボウルに移し、合わせた薄力粉とベーキングパウダーを加え、ゴムベラで混ぜる。全体がなじんだら溶かしたバター、コアントローを順に加え（E）、そのつどゴムベラで混ぜ合わせる。
⑤ 直径7×高さ1.5cmのタルトリングの内側にバター（分量外）を薄くぬり、シルパットを敷いた天板に並べる。④を絞り袋に入れ、タルトリングの7分目の高さまで絞る（F）。上火220℃・下火200℃のデッキオーブンで15分程度焼く。焼き上がったらタルトリングをはずし、室温にしばらくおいて粗熱をとる。

POINT
→ ヘーゼルナッツペーストは固さがあるため、事前に温めてやわらかくし、全卵の約半量を加えたら最初は固まりをほぐすようにして手で混ぜる。
→ 全卵は2回に分けて加えることで、全体をなじみやすくする。

~~~~~~

ヘーゼルナッツと
ホワイトチョコレートのクリーム

下準備：ローストしたヘーゼルナッツは粗くきざむ／板ゼラチンは冷水でもどす／ホワイトチョコレートは溶かす

① 鍋に生クリームAを入れ、火にかけて沸かす。きざんだローストしたヘーゼルナッツを加え混ぜ、火からおろす。冷蔵庫に1晩おく。写真（A）は1晩おいたもの。
② ①の鍋を火にかけ、沸いたらもどした板ゼラチンを加え、ゴムベラで混ぜ溶かす。
③ ボウルに溶かしたホワイトチョコレートを用意し、②を網で漉して加える（B）。ゴムベラで混ぜながら粗熱をとり、35℃に調整する（C）。
④ 別のボウルに生クリームBを入れて泡立て器で6分立てにする。これに③を加え（D）、ゴムベラで手ばやく混ぜる。写真（E）は混ぜ終わり。
⑤ ④を丸口金を付けた絞り袋に入れ、口径7×高さ2.3cmのサバラン形のフレキシパンに9分目の高さまで絞る（F）。フレキシパンごと軽く揺すり、表面を平らにならす。

POINT
→ 沸かした生クリームにローストしたヘーゼルナッツを加えたら、冷蔵庫に1晩おいてヘーゼルナッツの香りを生クリームにしっかりと移す。
→ 工程③でゴムベラで混ぜるときは、まずはボウルの手前の底にゴムベラをあてて小きざみに動かし、少しずつゴムベラをあてるスペースを広げていくと均一に混ざりやすい。

~~~~~~

レモンとアプリコットのコンフィチュール

下準備：ローストしたヘーゼルナッツは粗くきざむ

① レモンは皮をむいて果汁を搾り、皮、果汁、わたに分ける。皮は2mm角に切り、3回ゆでこぼす（A）。
② 別の鍋に①のレモンのわたと、同量の水（分量外）を入れて火にかけ、わたをゴムベラでつぶしながらひと煮立ちさせる（B）。
③ 別の鍋に①のレモン果汁を入れ、②の煮汁を網で漉して加える（C）。さらに、①のレモンの皮とグラニュー糖Aを加え混ぜる（D）。

④ ③の鍋を火にかけ、沸いたらアプリコットを加える。泡立て器でアプリコットを軽くつぶしながら混ぜる(**E**)。
⑤ ふたたび沸いたらグラニュー糖Bを加え、アプリコットを軽くつぶしながら混ぜる。ブリックス55%になったら火からおろす。
⑥ カカオバターを加え混ぜ(**F**)、バットに広げて粗熱をとる(**G**)。
⑦ コアントローと、きざんだローストしたヘーゼルナッツを加えてゴムベラで混ぜ合わせ(**H**)、ラップを密着させて冷蔵庫で保管する。

POINT
→ レモンの皮はゆでこぼして、えぐみを軽減する。
→ 高温・短時間で目的のブリックス値に調整すると、フレッシュな風味と果実感のある仕上がりになる。
→ カカオバターを加えることで、「カドのとれた味になり、保形性も高くなる」(赤崎さん)。

コアントローのシロップ

① 鍋に水とグラニュー糖を入れて火にかけ、沸騰したら火からおろす。
② 粗熱がとれたらコアントローを加え混ぜる。

組立て・仕上げ

下準備:ローストしたヘーゼルナッツは半割りにする

① ヘーゼルナッツのパン・ド・ジェンヌの焼き面にコアントローのシロップを刷毛でぬり、その面を下にしてヘーゼルナッツとホワイトチョコレートのクリームに重ねる(**A**)。ブラストチラーに入れて冷やし固める(**B**)。
② ①をフレキシパンからはずし、パン・ド・ジェンヌの側面に粉糖を茶漉しでふる(**C**)。
③ 中央のくぼみにレモンとアプリコットのコンフィチュールを詰め(**D**)、タイムと、半割りにしたローストしたヘーゼルナッツを飾る。

pâtisserie
VIVIenne
[パティスリー・ヴィヴィエンヌ]

~~~~~~

オペラ・コスタリカ

オーナーシェフ
柾屋哲郎さん

チョコレート × キンカン × コーヒー

コスタリカ産カカオ豆のビターでフルーティーな風味が際立つガナッシュと、
心地よい苦みのある甘ずっぱいキンカンのコンフィを組み合わせ、統一感のある味わいに。
キンカンは愛知・碧南産で、収穫後2日以内の酸味が強いものを使い、酸味と苦みの両方をアピール。
キンカンの印象が強くなりすぎないように、ガナッシュとコーヒーのクレーム・オ・ブールの層は
厚めにし、ビスキュイ・オ・ザマンドに打つコーヒーのアンビバージュで味を引き締める。
オーソドックスなビジュアルながら、金箔をあしらったキンカンのコンフィは存在感抜群。
キンカンなど洋菓子ではなじみの薄い素材を積極的に取り入れるのも、柾屋哲郎さんのもち味だ。

材料

使用する型：57×37×高さ4cmのカードル（1台76個分）

▸ **ビスキュイ・オ・ザマンド**
（60×40cmの天板3枚分・76個分）

アーモンド（皮付き）…420g
粉糖…420g
薄力粉…112g
全卵…700g
トレモリン（転化糖）…8g
フレンチメレンゲ（P.173）…426g
バター…9g

▸ **コーヒーのクレーム・オ・ブール**
（76個分）

加糖卵黄（20％加糖）…167g
グラニュー糖A…83g
インスタントコーヒー粉…30g
グラニュー糖B…83g
牛乳…200g
コーヒーの濃縮エキス…50g
バター…667g
イタリアンメレンゲ（P.173）…250g

▸ **ガナッシュ**
（76個分）

生クリーム（乳脂肪分35％）…500g
ダークチョコレート
（ベルコラーデ「ノワール・コレクシオン・コスタリカ」／
カカオ分65％）…500g
トレモリン（転化糖）…110g
バター…90g

▸ **キンカンのコンフィ**
（つくりやすい分量）

キンカン…約500g
水…1150g
グラニュー糖…500g

▸ **コーヒーのアンビバージュ**
（76個分）

水…454g
グラニュー糖…316g
インスタントコーヒー粉…55g
グラン・マルニエ…150g

▸ **組立て・仕上げ**

パータ・グラッセ…適量
金箔…適量
金粉…適量

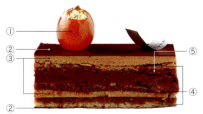

① キンカンのコンフィ
② パータ・グラッセ
③ コーヒーのクレーム・オ・ブール
④ ビスキュイ・オ・ザマンド
⑤ ガナッシュ

つくり方

ビスキュイ・オ・ザマンド

下準備：全卵は溶きほぐす／バターは溶かす

① ロボクープにアーモンド、粉糖、薄力粉を入れ（Ⓐ）、粉砕する。写真（Ⓑ）は粉砕後。これをふるいにかける。
② ボウルに溶きほぐした全卵とトレモリンを入れて弱火にかける。ボウルをまわしながら泡立て器で混ぜ、40℃弱になるまで加熱する。
③ ②をミキサーボウルに移し、①を加えてホイッパーで高速で約10分撹拌する。全体が空気を含んで白っぽくなり、すくうとリボン状に落ちる程度の固さに仕上げる。
④ フレンチメレンゲを加え、ボウルをまわしながらゴムベラで底からすくうようにしてさっくりと混ぜる（Ⓒ）。溶かしたバターを加え、全体が均一になるまで混ぜる。
⑤ オーブンシートを敷いた60×40cmの天板3枚に④を約600gずつ流す。パレットナイフでのばして平らにならす。
⑥ 210℃のコンベクションオーブンに入れ、すぐに195℃にして約6分焼く。焼成後、すぐに天板をはずし、室温にしばらくおいて粗熱をとる。作業台に移して57×37cmのカードルをのせ、カードルからはみ出した余分な生地を切り落とす（Ⓓ）。

コーヒーのクレーム・オ・ブール

下準備：インスタントコーヒー粉とグラニュー糖Bは混ぜ合わせる／バターはポマード状にする

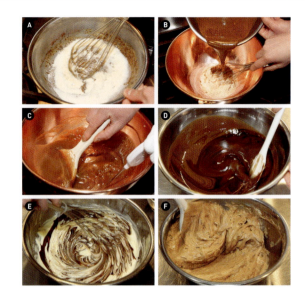

① ボウルに加糖卵黄とグラニュー糖Aを入れ、泡立て器ですり混ぜる。
② ①に、合わせたインスタントコーヒー粉とグラニュー糖Bを2回に分けて加え、そのつど泡立て器でしっかりと混ぜる。
③ 銅ボウルに牛乳を入れて火にかけ、沸騰したら約1/3量を②に加え混ぜる（**A**）。これを銅ボウルに戻して弱火にし（**B**）、ゴムベラで底をあたるようにして混ぜながら、とろりとした状態になるまで炊く。82℃になったら火からおろす（**C**）。
④ ③をシノワで漉してボウルに移し、底に氷水をあててゴムベラで混ぜながら40℃になるまで冷ます。コーヒーの濃縮エキスを加え混ぜる（**D**）。
⑤ 別のボウルにポマード状にしたバターを入れ、④を3回程度に分けて加え、そのつど泡立て器でしっかりと混ぜる（**E**）。
⑥ イタリアンメレンゲを2～3回に分けて加え混ぜる。最初は泡立て器で混ぜ、2回目以降はゴムベラに持ち替えて気泡をつぶさないように混ぜる。写真（**F**）は混ぜ終わり。

POINT
→ 加糖卵黄とグラニュー糖を合わせたら、すぐに混ぜる。合わせたまま時間をおくと、グラニュー糖が水分を吸ってダマになりやすい。
→ 炊いたクリームを40℃まで冷ましてからコーヒーの濃縮エキスを加え、コーヒーの風味がとぶのを防ぐ。

ガナッシュ

下準備：バターはポマード状にする

① 鍋に生クリームを入れて火にかけ、沸騰させる。
② 高さのある容器にダークチョコレートとトレモリンを入れ、①を加える（**A**）。ダークチョコレートがある程度溶けるまで、そのまましばらくおく。
③ スティックミキサーで均一な色になるまで撹拌する。ポマード状にしたバターを加え、全体がなじむまで撹拌する（**B**）。

キンカンのコンフィ

① 鍋に水（分量外）をたっぷりと入れて火にかけ、キンカンを加えてゆでこぼす。
② 別の鍋に分量の水とグラニュー糖を入れて火にかけ、ブリックス30％になるまで加熱し、火を止める。
③ ②をふたたび火にかけ、沸騰したら火を止める。①を加え、冷蔵庫に1晩おく。ザルなどで漉して実とシロップに分け、シロップはさらに目の細かい網で漉す。
④ 鍋に③のシロップを入れて沸騰させ、火を止める。③のキンカンの実を加え、室温あるいは冷蔵庫に1晩おく。ザルなどで漉して実とシロップに分け、シロップはさらに目の細かい網で漉す。シロップがブリックス70％になるまで、この工程をくり返す。
⑤ ④のキンカンの実の一部は飾り用に残し、ほかは種を取り除いて細かくきざむ（**A**&**B**）。

コーヒーのアンビバージュ

① 鍋に水とグラニュー糖を入れて火にかけ、沸騰させる。ボウルに移し、インスタントコーヒー粉を加えて泡立て器でよく混ぜる（**A**）。
② 底に氷水をあてるなどして40℃になるまで冷まし、グラン・マルニエを加え混ぜる（**B**）。

~~~~~~

組立て・仕上げ

① ビスキュイ・オ・ザマンド1枚の焼き面全体に、パレットナイフでパータ・グラッセを薄くぬる（**A**）。パータ・グラッセが固まったら、オーブンシートを重ねてひっくり返し、焼成時のオーブンシートをはがす。その面にコーヒーのアンビバージュ約325gを刷毛でぬる（**B**）。ショックフリーザーなどで冷やし固める。
② フィルムを貼ったプラックに57×37×高さ4cmのカードルをのせ、コーヒーのクレーム・オ・ブール740gを流す。パレットナイフでのばして平らにならす（**C**）。
③ ②にビスキュイ・オ・ザマンド1枚を焼き面を下にして重ね（**D**）、板などで上から軽く押して密着させる。オーブンシートをはがし、その面にコーヒーのアンビバージュ約325gを刷毛でぬる。
④ ガナッシュを流し、パレットナイフでのばして平らにならす（**E**）。細かくきざんだキンカンのコンフィ510gをまんべんなくちらす（**F**）。
⑤ ビスキュイ・オ・ザマンド1枚を焼き面を下にして重ね、板などで上から軽く押して密着させる。オーブンシートをはがし、その面にコーヒーのアンビバージュ約325gを刷毛でぬる。
⑥ コーヒーのクレーム・オ・ブール740gをのせ、パレットナイフでのばして平らにならす（**G**）。①をパータ・グラッセをぬった面を上にして重ね（**H**）、板などで上から軽く押して密着させる。ショックフリーザーなどで冷やし固める。
⑦ ⑥をプラックの面を上にして作業台に置き、プラックをはずしてフィルムをはがす。パータ・グラッセを上から流し、パレットナイフで均一に薄くのばす。冷蔵庫で冷やし固める。
⑧ 底のオーブンシートをはがして9×3cmに切り分け、飾り用に取りおいたキンカンのコンフィをのせ、金箔と金粉を飾る。

POINT
→ ガナッシュにちらすキンカンのコンフィは、種があると食感が悪くなるので、種が残っていないかしっかりとチェックしてから使用する。

No.09

UN GRAND PAS
［アングランパ］

~~~~~~

マダム・アングランパ

オーナーシェフ
丸岡丈二さん

コーヒー×キャラメル×ナッツ

主役はエスプレッソ用のコーヒー粉をアンフュゼしたコーヒーのクレーム・ブリュレと、
シナモンが香るキャラメルのムース。こくをプラスするプラリネのクレーム・オ・ブールと
ともに口の中ですっとほどけ、カプチーノの豊かな味わいとなって浮かび上がる。
カリッとしたアーモンドのキャラメリゼが食感のアクセントだ。デザインは、
「シンプルかつ美しく」をテーマに、ゆるやかなカーブのついた型を使って女性的なイメージに。
通年販売するスペシャリテの一つで、グラサージュによるデコレーションが印象的だが、
暑さを感じる時期はグラサージュを用いず、クリームを露わにしたライトな装いで提供することもある。

材料

使用する型：口径5.5×底径4.5×高さ4.5cmの型

▶ コーヒーのクレーム・ブリュレ
（40個分）

生クリームA（乳脂肪分42%）…225g
牛乳…125g
コーヒー粉（エスプレッソ用／粗挽き）…30g
生クリームB（乳脂肪分42%）…適量
卵黄…4個分
グラニュー糖…58g

▶ チョコレートのビスキュイ・サン・ファリーヌ
（80個分）

卵白…60g
グラニュー糖A…37.5g
卵黄…2個分
グラニュー糖B…37.5g
ダークチョコレート
（ヴァローナ「エクストラ・ノワール」／カカオ分53%）…75g
バター…56g
カカオパウダー…10g

▶ プラリネのクレーム・オ・ブール
（40個分）

牛乳…121g
卵黄…4.8個分
グラニュー糖…24g
プラリネペースト…194g
バター…400g
イタリアンメレンゲ（P.173）…212g

▶ キャラメルとシナモンのムース
（20個分）

生クリームA（乳脂肪分42%）…300g
シナモンスティック…6g
バニラビーンズ…1/3本
水アメ…53g
グラニュー糖…166g
板ゼラチン…13g
パータ・ボンブ（P.173）…106g
生クリームB（乳脂肪分42%）…480g
イタリアンメレンゲ（P.173）…213g

▶ アーモンドのキャラメリゼ
（つくりやすい分量）

アーモンド（皮付き／粗くくだいたもの）…300g
粉糖…100g
バター…20g

▶ チョコレートのグラサージュ
（つくりやすい分量）

カカオパウダー…186g
グラニュー糖…435g
水…720g
水アメ…435g
生クリーム（乳脂肪分42%）…300g
ナパージュ・ヌートル…810g
板ゼラチン…55g
色素（赤）…適量

▶ 組立て・仕上げ

カカオパウダー…適量
シナモンパウダー…適量

① アーモンドのキャラメリゼ
② プラリネのクレーム・オ・ブール
③ キャラメルとシナモンのムース
④ コーヒーのクレーム・ブリュレ
⑤ チョコレートのビスキュイ・サン・ファリーヌ
⑥ チョコレートのグラサージュ

つくり方

コーヒーのクレーム・ブリュレ

① 鍋に生クリームAと牛乳を入れて火にかけ、沸騰させる。コーヒー粉を加えて軽く混ぜ（**A**）、火からおろす。布巾をかぶせて5分おく。
② ①を網で漉してボウルに移し、計量する。沸騰前の生クリームAと牛乳の合計量（350g）になるように生クリームBを加えて混ぜる。
③ 別のボウルに卵黄とグラニュー糖を入れ、全体がなじんで白っぽくなるまで泡立て器で混ぜる。②を2回に分けて加え混ぜる（**B**）。
④ ③を網で漉し、キッチンペーパーをのせて表面に浮いた気泡を密着させ（**C**）、すぐにキッチンペーパーごと取り除く。
⑤ ④を絞り袋に入れ、口径5×高さ3.5cmのフレキシパンに2分目の高さまで絞る（**D**）。90℃のコンベクションオーブンで30分焼く。粗熱をとり、冷蔵庫で冷やす。

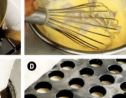

チョコレートのビスキュイ・サン・ファリーヌ

下準備：ダークチョコレートとバターはそれぞれ溶かす

① ミキサーボウルに卵白を入れてホイッパーで撹拌する。6分立てになったらグラニュー糖Aの半量を加えて撹拌し、すくうとしっかりと角が立つようになったら残りのグラニュー糖Aを加え、全体がなじむまで撹拌する。写真（**A**）は混ぜ終わり。
② ボウルに卵黄とグラニュー糖Bを入れて泡立て器ですり混ぜる。
③ 別のボウルに溶かしたダークチョコレートとバターを入れ、泡立て器で混ぜる。
④ ②に③とカカオパウダーを順に加え、そのつど泡立て器で混ぜる（**B**）。
⑤ ④に①の少量を加えて泡立て器で混ぜ、なじんだら残りの①を加え、ゴムベラに持ち替えてしっかりと混ぜる（**C**）。
⑥ ⑤を口径6mmの丸口金を付けた絞り袋に入れ、オーブンシートを敷いた天板に直径3.3cmの円形になるように渦巻き状に絞る（**D**）。
⑦ 上火・下火ともに180℃のデッキオーブンで約20分焼く。室温にしばらくおいて粗熱をとる。

POINT
→ だれて横に広がりやすい生地のため、あとで組み込む型のサイズよりも小さめに絞って焼く。

プラリネのクレーム・オ・ブール

① 鍋に牛乳を入れ、火にかけて沸かす。
② ボウルに卵黄とグラニュー糖を入れて泡立て器ですり混ぜる。①を少量加え、全体がなじむまで混ぜる。
③ ②を①の鍋に戻し、弱火にかけてゴムベラで混ぜながら炊く。80℃ほどになったら火からおろし、混ぜながら余熱で火をとおす。写真（**A**）のように、ゴムベラですくって指でなぞると筋が残る程度の固さに仕上げる。
④ ミキサーボウルにプラリネペーストを入れ、③を網で漉して加える（**B**）。全体がなじむまで、ホイッパーで中速で撹拌する。
⑤ バターを加え、つやが出て、なめらかになるまで撹拌する（**C**）。
⑥ ⑤をボウルに移してイタリアンメレンゲを加え、泡立て器で混ぜる（**D**）。
⑦ ⑥を丸口金を付けた絞り袋に入れ、口径5.5×底径4.5×高さ4.5cmの型に30gずつ絞る（**E**）。
⑧ 型の中のクリームを、パレットナイフで型の縁までのばしてすり鉢状にする（**F**）。冷蔵庫に入れ、クリームが少し締まる程度に冷やす。

POINT
→ 工程⑤でバターが混ざりにくい場合は、いったん撹拌を止め、ミキサーボウルを直火に少しあててバターを溶けやすくするとよい。
→ できたクリームは冷やしすぎると固くなり、組み立てにくくなるので注意。

キャラメルとシナモンのムース

下準備：板ゼラチンは冷水でもどす

① 銅鍋に生クリームA、シナモンスティック、バニラビーンズ、水アメを入れて火にかけ（**A**）、沸騰させる。
② ①の作業と並行して、別の銅鍋にグラニュー糖を入れて火にかけ、泡立て器で混ぜながら、グラニュー糖が溶けて写真（**B**）のように濃い茶色になるまで加熱する。
③ ②の銅鍋を火からおろし、①を少量ずつ加え混ぜる（**C**）。鍋をふたたび火にかけ、全体がなじむまで泡立て器で混ぜる。ボウルに移し（**D**）、そのまましばらくおいて人肌程度に冷ます。

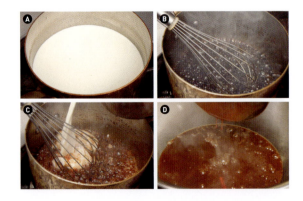

④ ③に、もどした板ゼラチンとパータ・ボンブを順に加え、そのつど泡立て器で混ぜる。
⑤ 生クリームBをホイップマシンでホイップして加え混ぜ（Ⓔ）、続いてイタリアンメレンゲを加え混ぜる（Ⓕ）。

POINT
→ 工程①の銅鍋は、工程②のグラニュー糖が溶けて濃い茶色になったときにちょうど沸騰するように、火加減を調整する。

アーモンドのキャラメリゼ

① 銅鍋にアーモンドと粉糖を入れて火にかけ、木ベラで混ぜながらキャラメリゼする。
② バターを加え混ぜ、火からおろす。バットにあけて粗熱をとり、手でほぐす。写真（Ⓐ）はでき上がり。

チョコレートのグラサージュ

下準備：板ゼラチンは冷水でもどす

① 鍋に、もどした板ゼラチンと色素以外の材料を入れて火にかけ、ブリックス68％になるまで加熱する。
② 火からおろし、もどした板ゼラチンと色素を加え混ぜ、網で漉す。

組立て・仕上げ

① キャラメルとシナモンのムースを丸口金を付けた絞り袋に入れ、プラリネのクレーム・オ・ブールを入れた型に、型の半分の高さまで絞る（Ⓐ）。
② ①にコーヒーのクレーム・ブリュレをのせ、型の中心まで指で押し込む（Ⓑ）。キャラメルとシナモンのムースを縁いっぱいまで絞り、パレットナイフで平らにならす（Ⓒ）。
③ チョコレートのビスキュイ・サン・ファリーヌを焼き面を下にしてのせ、手のひらで軽く押さえるようにして押し込む（Ⓓ）。冷蔵庫で冷やし固める。
④ ③にフォークを刺し、型の側面をさっと湯にあてて型をはずす（Ⓔ＆Ⓕ）。
⑤ 表面を指で平らにならして網を重ねたプラックに置き、チョコレートのグラサージュをかける。アーモンドのキャラメリゼをのせ、カカオパウダーとシナモンパウダーを順にふる。

PÂTISSERIE
BIGARREAUX
[パティスリー ビガロー]

~~~~~~

ル・プレジール

オーナーシェフ
石井 亮さん

チョコレート × オレンジ × キャラメル

カカオの香りが豊かに感じられるビスキュイに、ミルクチョコベースのキャラメルのムース、
ふんわり軽いバニラのババロワ、オレンジの風味が引き立つコンポート、
ザクザクとしたクルスティヤンを組み合わせた、2006年のジャパンケーキショーでの大会会長賞受賞作。
コンクール時は土台にダックワーズを使用していたが、食べやすさを考慮してビスキュイ2枚を
組み込む現在のスタイルに変更。ババロワの層を厚めにするのも軽やかさを生むポイントだ。
「味はしっかりしているけれど、食べ心地は軽やかな菓子を心がけています。
複雑な構成ではなくシンプルな仕立てで、そのぶん素材も吟味して味にこだわりたいですね」(石井亮さん)。

(材料)　使用する型：50×30×高さ4cmのカードル（1台54個分）

▶ オレンジのコンポート
（つくりやすい分量）

オレンジ…2個（450g）
グラニュー糖…180g
トレモリン（転化糖）…90g
バター…45g
グラン・マルニエ…60g

▶ チョコレートのビスキュイ
（60×40cmの天板2枚分・54個分）

ダークチョコレート
（ヴァローナ「グアナラ」／カカオ分70％）…324g
バター…106g
卵白…490g
グラニュー糖…180g
冷凍卵黄…156g
アーモンドパウダー…366g

▶ バニラのババロワ
（54個分）

牛乳…126g
生クリームA（乳脂肪分38％）…126g
グラニュー糖A…46g
冷凍卵黄…108g
バニラビーンズ…1本
粉ゼラチン…9g
水…45g
冷凍卵白…90g
グラニュー糖B…66g
生クリームB（乳脂肪分38％）…314g

▶ プラリネ
（つくりやすい分量）

アーモンド（皮なし）…100g
ヘーゼルナッツ（皮なし）…100g
グラニュー糖…150g
水…40g
バニラビーンズのサヤ（使用後乾燥させたもの）…3本

▶ チョコレートとキャラメルのムース
（54個分）

グラニュー糖…162g
生クリームA（乳脂肪分38％）…242g
冷凍卵黄…80g
粉ゼラチン…8g
水…32g
ミルクチョコレート
（ヴェイス「レ・シュプレーム」／カカオ分38％）…336g
ダークチョコレート
（ヴァローナ「グアナラ」／カカオ分70％）…134g
生クリームB（乳脂肪分38％）…730g

▶ クルスティヤン
（54個分）

ミルクチョコレート
（ヴェイス「レ・シュプレーム」／カカオ分38％）…142g
フイヤンティーヌ…130g
プラリネ…左記より100g

▶ 組立て・仕上げ

ピストレ用チョコレート（P.174）…適量
金箔…適量

①チョコレートとキャラメルのムース
②バニラのババロワ
③チョコレートのビスキュイ
④オレンジのコンポート
⑤クルスティヤン

(つくり方)

オレンジのコンポート

① オレンジは皮付きのまま丸ごと30分ゆでて、3〜4cm角に切る。種のみ取り除く。
② 鍋に①、グラニュー糖、トレモリンを入れて中火にかけ、しみ出た水分が半量になるまで煮詰める。
③ バターを加え混ぜて火からおろし、ラップを密着させ、粗熱をとる。冷蔵庫に1日おく。
④ ③をフードプロセッサーに入れて撹拌し、ペースト状になったらグラン・マルニエを加え混ぜる。写真（Ⓐ）は仕上がり。

チョコレートのビスキュイ

下準備：卵白は冷やす／冷凍卵黄は解凍する

① ボウルにダークチョコレートとバターを入れ、湯煎にして溶かす（Ⓐ）。30℃程度になるまで冷ます。
② ミキサーボウルに冷やした卵白、グラニュー糖の1/3量を入れ、ホイッパーで高速で撹拌する。全体が白く泡立ったら残りのグラニュー糖を加え、写真（Ⓑ）のようにしっかりとした角が立つ状態になるまで撹拌する。
③ ②に解凍した冷凍卵黄を加え（Ⓒ）、高速で5秒ほど撹拌する。
④ ③の1/3量を①に加え、泡立て器でさっくりと混ぜる。続いてアーモンドパウダーの半量、③の1/3量、残りのアーモンドパウダーを順に加え、そのつど同様に混ぜる。残りの③を加え混ぜ、ダマがなくなったらゴムベラに持ち替えて底から返すようにして混ぜる（Ⓓ）。
⑤ ④を口径8mmの丸口金を付けた絞り袋に入れ、オーブンシートを敷いた60×40cmの天板に長さ30cm強の棒状に絞る。これを隙間をあけずに幅が50cm強になるまでくり返す（Ⓔ）。もう1枚の天板にも同様に絞る。
⑥ 200℃のコンベクションオーブンで約13分焼き、室温にしばらくおいて粗熱をとる（Ⓕ）。50×30cmのカードルにぴったり収まるサイズに切り、オーブンシートを付けたままビニール袋に入れて冷凍する。

POINT
→ ダマや混ぜムラが生じないように、材料を混ぜ合わせる作業を適宜、数回に分けて段階的に行う。ババロワやムースを仕込む際も同様。
→ 棒状に隙間なく絞ることで、軽やかで口溶けよく仕上がり、独特の波模様も表現できる。

~~~~~~

バニラのババロワ

下準備：冷凍卵黄と冷凍卵白はそれぞれ解凍する／粉ゼラチンは分量の水と合わせてふやかす

① 鍋に牛乳、生クリームA、グラニュー糖A、解凍した冷凍卵黄、バニラビーンズを入れて弱火にかけ、ゴムベラで混ぜながら82℃になるまで加熱する（Ⓐ）。
② 火からおろし、ふやかした粉ゼラチンを加えて混ぜ溶かす（Ⓑ）。網で漉してボウルに移し（Ⓒ）、底に氷水をあてて冷ます。
③ ミキサーボウルに解凍した冷凍卵白を入れ、ホイッパーで高速で撹拌する。全体が白っぽく泡立ったらグラニュー糖Bを加え、すくうと角が立つ状態になるまで高速で撹拌する。②の1/3量を加え、メレンゲの気泡をつぶさないようにゴムベラで混ぜる（Ⓓ）。
④ 別のボウルに生クリームBを入れて8分立てにし、②の1/3量を加えてさっくりと混ぜる。残りの②を加え、全体がなじむまで混ぜる。
⑤ ④に③を加え、全体が均一でなめらかになるまでゴムベラで底から返すようにして混ぜる。写真（Ⓔ）は混ぜ終わり。
⑥ プラックにフィルムを敷いて50×30×高さ4cmのカードルを置き、⑤を流す。カードで表面を平らにならし（Ⓕ）、少し弾力が出て固まりかけるまで冷蔵庫に20分ほどおく。完全には固めないこと。

POINT
→ ババロワの層は厚めに仕立てて軽やかな菓子に仕上げる。

~~~~~~

プラリネ

① アーモンドとヘーゼルナッツは適度な焼き加減にオーブンでローストする。
② 鍋にグラニュー糖、水、バニラビーンズのサヤを入れて中火にかけ、122℃になるまで加熱する。
③ ②に①を加え混ぜ、火を止める。結晶化したら弱火にかけ、キャラメル状になるまで加熱する。
④ 火からおろして完全に冷まし、フードプロセッサーに移してペースト状になるまで撹拌する。

チョコレートとキャラメルのムース

下準備：生クリームAは沸かす／冷凍卵黄は解凍する／粉ゼラチンは分量の水と合わせてふやかす／チョコレート2種類は合わせて溶かし、30℃に調整する／生クリームBは7分立てにする

① 銅ボウルを弱火にかけてグラニュー糖を少量入れ、溶けたら残りのグラニュー糖を加える。全体に細かい気泡が浮いてきたら火を止め、沸かした生クリームAを2〜3回に分けて加え混ぜる（**A**）。
② ①を50℃になるまで冷まし、解凍した冷凍卵黄を加えて弱火にかけ、ゴムベラで混ぜる。82℃になったら火からおろし、ふやかした粉ゼラチンを加えて混ぜ溶かす。網で漉してボウルに移し（**B**）、底に氷水をあてて冷ます。
③ ②に溶かして30℃に調整したチョコレート2種類と、7分立てにした生クリームBの半量を順に加え、そのつど泡立て器で混ぜる。残りの生クリームBを加え、混ぜきらないうちにゴムベラに持ち替えてなめらかになるまで混ぜる（**C**）。

POINT
→ 口あたりよく仕上げるため、チョコレートの温度や材料を混ぜ合わせる際の温度に気を配ること。仕上げにゴムベラに持ち替えてきめをととのえるのも、食感よく仕上げるポイント。

クルスティヤン

① ミルクチョコレートを粗くきざんでボウルに入れ、湯煎にして溶かす（**A**）。
② フイヤンティーヌを細かくくだき、プラリネとともに①に加えてゴムベラで混ぜる（**B**）。
③ シルパットを敷いたプラックに50×30×高さ4cmのカードルを置いて②を流し、パレットナイフで厚さ1mmにのばす（**C**）。固まらないうちに組立て作業を行う。

組立て・仕上げ

① クルスティヤンを敷いたカードルにチョコレートのビスキュイ1枚を焼き面を下にして重ね（**A**）、上から手で押さえて密着させる。カードルをはずし、上にオーブンシートとプラックをのせてショックフリーザーで冷やし固める。
② バニラのババロワを流したカードルにチョコレートのビスキュイ1枚を焼き面を下にして重ね（**B**）、上から手で押さえて密着させる。カードルを付けたままショックフリーザーで冷やし固める。カードルをはずしてフィルムをはがし、4辺を2mmずつ切り落とす（**C**）。
③ フィルムを敷いたプラックに50×30×高さ4cmのカードルを置き、チョコレートとキャラメルのムースを700g流して平らにならす。②をババロワの面を下にして重ねて密着させる（**D**）。
④ ③に残りのムースを流して平らにならし、オレンジのコンポートを幅2cmの両目口金を付けた絞り袋に入れて上面に絞る（**E**）。
⑤ ④に①をビスキュイの面を下にして重ね、密着させる（**F**）。ショックフリーザーに1時間入れたのち、冷凍庫に移して保管する。ひっくり返してカードルをはずし、上面にチョコレートをピストレがけする。8×3cmに切り分け、金箔を飾る。

POINT
→ ビスキュイの波模様にババロワを隙間なく密着させるため、工程②はババロワが固まりかけた段階で行い、空気を入れないように注意しながら作業する。

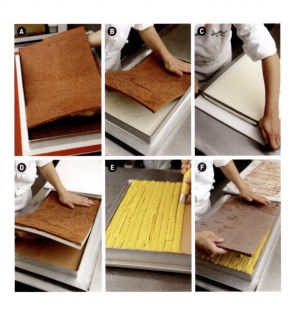

Shinfula

[シンフラ]

フロマージュ-アス

オーナーシェフ
中野慎太郎さん

3種類のチーズケーキを融合

フランス料理のコースの後半に供されるチーズワゴンをイメージしたプチガトー。
さわやかな酸味とこくがありつつクセの少ないクリームチーズを使った、
スフレ、ベイクド、レアの3タイプのチーズケーキやチーズクリームを組み合わせ、異なる味と食感を楽しませる。
ハチミツとラム酒に漬けたドライフルーツを中にしのばせ、仕上げにアーモンドスライスと枝付きレーズン、
シュトロイゼルをトッピング。シュトロイゼルはバゲットに見立てたそう。
「色彩、香り、プレゼンテーションのすべてに驚きやストーリー性を盛り込む
レストランのデザートの表現方法をプチガトーに取り入れています」と中野慎太郎さんは語る。

(材料) 使用する型：直径7×高さ2.5cmのセルクル

▸ **ドライフルーツのラム酒漬け**
（つくりやすい分量）

ラム酒…適量
ハチミツ（アカシア）…ラム酒と同量
イチジク（セミドライ）…500g
プルーン（セミドライ）…500g
オレンジの皮…500g
サルタナレーズン…500g

▸ **きな粉のシュトロイゼル**
（つくりやすい分量）

アーモンドパウダー…260g
薄力粉…440g
きな粉…100g
グラニュー糖…440g
バター…340g

▸ **ベイクドチーズケーキ**
（20×16cmのバット2台分）

クリームチーズ…250g
サワークリーム…100g
上白糖…85g
レモン果汁…15g
コーンスターチ…14g
生クリーム（乳脂肪分42％）…200g
全卵…185g

▸ **スフレチーズケーキ**
（約24個分）

クリームチーズ…643g
サワークリーム…85g
グラニュー糖…75g
卵黄…45g
カスタードパウダー…10g
卵白…136g
グラニュー糖…75g

▸ **レアチーズクリーム**
（つくりやすい分量）

クリームチーズ…200g
サワークリーム…200g
グラニュー糖…42g
レモン果汁…7g
生クリーム（乳脂肪分42％）…300g

▸ **組立て・仕上げ**

アーモンドスライス（皮付き）…適量
枝付きレーズン…適量

① きな粉のシュトロイゼル
② レアチーズクリーム
③ ベイクドチーズケーキ
④ ドライフルーツのラム酒漬け
⑤ スフレチーズケーキ

(つくり方)

ドライフルーツのラム酒漬け

① ボウルにラム酒とハチミツを入れて混ぜ合わせる。
② イチジクとプルーン、オレンジの皮を7mm角に切る。
③ 密閉容器に②とサルタナレーズンを入れ、フルーツが浸かるまで①をそそぐ。ふたをして2ヵ月ほど漬け込み、アルコール分がとんだら使用する。写真（Ⓐ）は仕上がり。

きな粉のシュトロイゼル

下準備：アーモンドパウダー、薄力粉、きな粉は合わせてふるう／バターはポマード状にする

① ミキサーボウルにバター以外の材料を入れ、泡立て器でざっと混ぜる（**A**）。ポマード状にしたバターを加え、ビーターで中速で撹拌する（**B**）。全体が混ざったら手で軽くまとめる（**C**）。
② ①をシルパットの上に置き、手で四角くのばす（**D**）。高さ1cmのルーラー2本を生地の両端に置き、ルーラーの上に麺棒をわたして転がし、生地を厚さ1cmにのばす（**E**）。仕上げに表面が平らになるように、別のシルパットをかぶせて上から麺棒を転がしてならす。冷蔵庫に1時間以上おく。
③ 1.5cm角に切り分けてシルパットを敷いた天板に並べ（**F**）、170℃のコンベクションオーブンで約10分焼く。

POINT
→ ルーラーを添えて麺棒を転がすと、生地を適切な厚さにのばしやすい。さらにシルパットをかぶせてその上から麺棒を転がし、きれいな形に仕上げる。

ベイクドチーズケーキ

下準備：全卵は溶きほぐす

① ミキサーボウルにクリームチーズを入れ、全体がなめらかになるまでビーターで中速で撹拌する（**A**）。サワークリーム、上白糖、レモン果汁、コーンスターチを順に加え、そのつど全体がなめらかになるまで同様に撹拌する（**B**）。
② 撹拌しながら生クリームと溶きほぐした全卵を順に少しずつ加え（**C**）、ダマのないなめらかな状態にする。
③ オーブンシートを敷いた20×16cmのバット2枚に②を400gずつ流し（**D**）、作業台にバットごと軽く打ちつけて平らにならす（**E**）。
④ ③のバットよりも大きな容器に水を入れ、③のバットを並べる（**F**）。上火・下火ともに170℃のデッキオーブンで25〜30分湯煎焼きにする。湯煎をはずし、室温にしばらくおいて粗熱をとる。ショックフリーザーで冷やし固める。

POINT
→ クリームチーズは固いので、なめらかな状態になるまでビーターで撹拌してからほかの材料と混ぜ合わせる。スフレチーズケーキやレアチーズクリームで使用する際も同様。

スフレチーズケーキ

下準備：卵黄は溶きほぐす

① ミキサーボウルにクリームチーズを入れ、全体がなめらかになるまでビーターで中速で撹拌する。サワークリーム、グラニュー糖、溶きほぐした卵黄、カスタードパウダーを順に加え、そのつど全体がなめらかになるまで同様に撹拌する（**A**&**B**）。
② ボウルに卵白とグラニュー糖を入れ、写真（**C**）のように、すくうと角がたれるくらいの状態になるまでホイッパーで泡立てる。
③ ①をボウルに移し、②を2回に分けて加え、そのつどゴムベラでしっかりと混ぜ合わせる（**D**）。
④ 直径7×高さ2.5cmのセルクルの内側側面にオーブンシートを貼り、シルパットを敷いた天板に並べる。
⑤ ③を丸口金を付けた絞り袋に入れ、④のセルクルに42gずつ絞る（**E**）。表面をスプーンの背で平らにならす。
⑥ 上火160℃・下火140℃のデッキオーブンに入れ、下火を切って7分30秒〜8分焼く。表面が固まってプルプルと揺れるくらいに火がとおったら、天板の下に網を挟み、さらに2〜3分焼く。写真（**F**）は焼き上がり。室温にしばらくおいて粗熱をとる。

POINT
→ 焼成の後半で天板の下に網を挟み、下からの熱のあたりをさらにやわらげる。

レアチーズクリーム

① ミキサーボウルにクリームチーズを入れ、全体がなめらかになるまでビーターで中速で撹拌する。サワークリーム、グラニュー糖、レモン果汁を順に加え、そのつど全体がなめらかになるまで同様に撹拌する（**A**）。
② ホイッパーに付け替えて低速で撹拌しながら、生クリームを3回に分けて加える。全体が混ざったら、もったりするまで高速で撹拌する。写真（**B**）は混ぜ終わり。

組立て・仕上げ

下準備：アーモンドスライスは160℃のコンベクションオーブンで約7分ローストする

① スフレチーズケーキのセルクルをはずしてオーブンシートをはがし、中央にドライフルーツのラム酒漬けを約15gずつのせる。
② レアチーズクリームを星口金を付けた絞り袋に入れ、ドライフルーツのラム酒漬けのまわりと上面半分に絞る（**A**&**B**）。
③ ベイクドチーズケーキを2cm角に切り分けて②に2個ずつのせる。
④ ベイクドチーズケーキの隙間を埋めるようにしてレアチーズクリームを絞り、きな粉のシュトロイゼルを2個ずつのせる（**C**）。
⑤ 上から粉糖を茶漉しでふり、ローストしたアーモンドスライスと枝付きレーズンを飾る。

POINT
→ アーモンドスライスは自店でローストして使用するが、ここでは160℃のコンベクションオーブンで約7分と、軽くローストするにとどめ、アーモンドのナチュラルな風味を生かす。

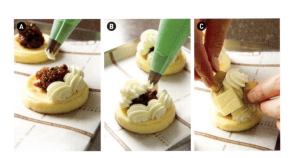

Relation
[ルラシオン]

エクレール キャラポンム

オーナーシェフ
野木将司さん

キャラメル×リンゴ

「シュー・ア・ラ・クレームだけでなく、パータ・シューの魅力を
さまざまなスタイルで打ち出したい」と野木将司さん。そこで、季節感を表現したエクレールを
月替わりで提案している。キャラメルとリンゴをテーマにした「エクレール キャラポンム」は、
ある年の11月に登場した1品。シューは薄力粉と強力粉を併用し、保形性を高めるとともに、
なめらかなクリームとの食感のコントラストを強調。また、星口金で絞り、バニラとカソナードの
クロカンをのせて焼くことで独特のテクスチャーを表現。シューの食感を損なわないよう、
グラサージュはマジパンにぬってシューに重ねるなど、多彩な工夫を盛り込んだ。

〔 材料 〕

▶ バニラとカソナードのクロカン
(つくりやすい分量)

バター…150g
カソナード…185g
薄力粉…185g
バニラパウダー…3g

▶ パータ・シュー
(33個分)

牛乳…250g
水…250g
バター…225g
グラニュー糖…10g
塩…7.5g
薄力粉…183g
強力粉…92g
全卵…400g

▶ クランブル
(つくりやすい分量)

発酵バター…100g
グラニュー糖…100g
薄力粉…100g
アーモンドパウダー…100g
カルダモンパウダー…0.1g
塩…2g

▶ クレーム・パティシエール
(つくりやすい分量)

牛乳…1000g
バニラビーンズ…1本
冷凍卵黄…500g
グラニュー糖…360g
コーンスターチ…120g
薄力粉…60g
バター…160g

▶ キャラメル
(つくりやすい分量)

水アメ…162.5g
グラニュー糖…250g
生クリーム(乳脂肪分35%)…412.5g
バニラビーンズ…1/2本
バター…37.5g

▶ キャラメルのクレーム・ディプロマット
(つくりやすい分量)

クレーム・パティシエール…左記より1000g
生クリーム(乳脂肪分42%)…250g
キャラメル…上記より375g

▶ リンゴのコンポート
(つくりやすい分量)

リンゴ(ふじ)…正味2200g
水…220g
グラニュー糖…655g
バニラビーンズ…1と1/2本

▶ キャラメルのグラサージュ
(つくりやすい分量)

グラニュー糖…414g
コーンスターチ…27g
生クリーム(乳脂肪分35%)…345g
粉ゼラチン…10g
水…50g

▶ 組立て・仕上げ

マジパン…適量

①リンゴのコンポート
②クランブル
③キャラメルのグラサージュ
④マジパン
⑤バニラとカソナードのクロカン
⑥パータ・シュー
⑦キャラメルのクレーム・ディプロマット

〔 つくり方 〕

バニラとカソナードのクロカン

① ミキサーボウルにすべての材料を入れ、全体がなじみ、ひとまとまりになるまでビーターで撹拌する。写真(Ⓐ)は撹拌後。
② ①をフィルムで挟み、上から麺棒を転がして1mm程度にのばす(Ⓑ)。冷凍庫で冷やし固める。
③ ②を12×3.5cmに切り分ける。

パータ・シュー

下準備：薄力粉と強力粉は合わせてふるう／全卵は溶きほぐす

① 鍋に牛乳、水、バター、グラニュー糖、塩を入れて火にかけ、ときどき泡立て器で混ぜながら沸かす（Ⓐ）。
② 合わせた薄力粉と強力粉を加え混ぜ、まとまってきたら木ベラに持ち替えて、水分をとばしつつ、粉けがなくなるまで混ぜる（Ⓑ＆Ⓒ）。
③ ②をミキサーボウルに移し、ビーターで少し撹拌して水分をとばす。溶きほぐした全卵を5〜6回に分けて加えながら、なじむまで撹拌する（Ⓓ）。
④ ③を星口金を付けた絞り袋に入れ、オーブンシートを敷いた天板に12×2.5cmに絞る（Ⓔ）。ショックフリーザーで冷やし固める。
⑤ ④にバニラとカソナードのクロカンを重ね、上火190℃・下火210℃のデッキオーブンで約20分焼く。さらに上火・下火ともに170℃に切り替えて約40分、さらにダンパーを開けて約20分焼く。写真（Ⓕ）は焼き上がり。室温にしばらくおいて粗熱をとる。

POINT
→ 薄力粉と強力粉を併用することで、保形性を高めるとともに、クリームとコントラストを成すしっかりとした食感を表現する。

クランブル

① ミキサーボウルにすべての材料を入れ、全体がなじむまでビーターで撹拌する。写真（Ⓐ）は撹拌後。
② オーブンシートを敷いた天板に①を小さくちぎってちらし（Ⓑ）、160℃のコンベクションオーブンで8〜10分焼く。

クレーム・パティシエール

下準備：冷凍卵黄は解凍する／コーンスターチと薄力粉は合わせてふるう

① 鍋に牛乳とバニラビーンズを入れて火にかけ、ひと煮立ちさせる（Ⓐ）。
② ボウルに解凍した冷凍卵黄とグラニュー糖を入れて泡立て器ですり混ぜ、合わせたコーンスターチと薄力粉を加え混ぜる（Ⓑ）。
③ ②に①の一部を加えて泡立て器で混ぜる。これを網で漉して①の鍋に戻す（Ⓒ）。
④ ③を火にかけ、泡立て器で混ぜながら、写真（Ⓓ）のようにコシが抜け、つやが出るまで炊く。火を止めてバターを加え混ぜる（Ⓔ）。
⑤ ラップを敷いたプラックに④を流し、ラップを上から密着させて、手で押さえて薄くのばす（Ⓕ）。冷蔵庫で冷やす。

キャラメル

① 鍋に水アメを入れて火にかける。グラニュー糖を少量ずつ加え、そのつど鍋を揺すってグラニュー糖を溶かす。
② 別の鍋に生クリームとバニラビーンズを入れ、火にかけてひと煮立ちさせる。
③ ①の鍋が写真（Ⓐ）のようにキャラメル色になったら火を止める。バターを加えて泡立て器で混ぜ、続いて②を少しずつ加え混ぜる（Ⓑ）。ボウルに移し、底に氷水をあてて冷ます。

キャラメルのクレーム・ディプロマット

下準備：生クリームは9分立てにする

① ボウルにクレーム・パティシエールを入れてカードでほぐし、9分立てにした生クリームを加え混ぜる。写真（Ⓐ）は混ぜ終わり。キャラメルを加え、全体がなじむまでゴムベラで混ぜる（Ⓑ）。

リンゴのコンポート

① リンゴは皮をむいて芯を取り除き、1.5cm角に切る。
② 鍋に水、グラニュー糖、バニラビーンズを入れて火にかけ、ときどき泡立て器で混ぜながら113℃になるまで加熱する（Ⓐ）。
③ ②に①を加え、ときどきゴムベラで混ぜながら、写真（Ⓑ）のようにリンゴが透きとおり、食感が少し残る程度になるまで煮る。

POINT
→ リンゴのフレッシュな風味や食感を生かすため、煮すぎないように注意。

キャラメルのグラサージュ

下準備：粉ゼラチンは分量の水と合わせてふやかす

① 鍋にグラニュー糖を入れて火にかけ、キャラメル色になったら火を止める。
② ボウルにコーンスターチを入れ、少量の生クリームを加えて溶かす。
③ ①の鍋に②と残りの生クリームを加え、ふたたび火にかける。沸いたら火を止め、ふやかした粉ゼラチンを加えて混ぜ溶かす。

組立て・仕上げ

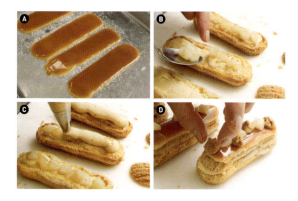

① マジパンは麺棒でごく薄くのばし、12×3.5cmに切り分ける。
② ①にキャラメルのグラサージュをぬり、冷蔵庫で冷やし固める（Ⓐ）。
③ パータ・シューを横半分に切り、下側にキャラメルのクレーム・ディプロマットを丸口金を付けた絞り袋でひと筋絞り、リンゴのコンポートを約15gずつのせる（Ⓑ）。その上に再度クレーム・ディプロマットをひと筋絞る（Ⓒ）。
④ ③にパータ・シューの上側と①を順に重ね、クランブルとコンポートを飾る（Ⓓ）。

POINT
→ パータ・シューの食感を損なわないように、グラサージュはパータ・シューに直接ぬるのではなく、マジパンにぬってパータ・シューに重ねる。

grains de vanille
[グラン・ヴァニーユ]

タルト・マンゴー

オーナーシェフ
津田励祐さん

マンゴーでつくる秋向けガトー

秋の定番、タルト・タタンをイメージし、マンゴーを使った秋向けの商品を開発。
しっかりと焼き込んだパート・シュクレに、マンゴーリキュールで和えて
ふっくらとさせたドライマンゴーを敷き、ジューシーなマンゴーのジュレとマンゴーのクリームを重ねた。
マンゴーのジュレはフレッシュな果実感を表現するため、ベースのマンゴーピュレに
極力火を入れないよう、ゼラチンをマンゴーリキュールと合わせて湯煎にして溶かし、
そこにピュレを合わせる。夏のイメージが強いマンゴーだが、濃厚でリッチな
風味とまったりとした口あたりのクリームで、秋らしい味わいに仕立てた。

材料

使用する型：直径6.5×高さ1.8cmのセルクル

▶ パート・シュクレ
（120個分）

バター…450g
粉糖…300g
全卵…150g
アーモンドパウダー…100g
薄力粉…750g

▶ マンゴーリキュールで和えた
ドライマンゴー
（つくりやすい分量）

ドライマンゴー（角切り）…300g
マンゴーリキュール…80g

▶ マンゴーのクリーム
（22個分）

マンゴーピュレ…200g
レモン果汁…18g
グラニュー糖…180g
全卵…200g
板ゼラチン…4g
バター…280g

▶ マンゴーのジュレ
（37×27cmの底付きの型1台分）

マンゴーピュレ…138g
レモン果汁…約7.7g
グラニュー糖…23g
板ゼラチン…約2.7g
マンゴーリキュール…6.13g

▶ 組立て・仕上げ

グラニュー糖…適量
マンゴー…適量
フランボワーズ…適量

① マンゴー、フランボワーズ
② マンゴーのクリーム
③ マンゴーのジュレ
④ マンゴーリキュールで和えたドライマンゴー
⑤ パート・シュクレ

つくり方

パート・シュクレ

下準備：全卵は溶きほぐす／アーモンドパウダーと薄力粉は合わせてふるう

① ミキサーボウルにバターと粉糖を入れ、全体がまとまるまでビーターで撹拌する。
② 溶きほぐした全卵を少量ずつ加えながら撹拌し、続いて合わせたアーモンドパウダーと薄力粉を加え、粉けがなくなるまで撹拌する。
③ ②を作業台に取り出し、麺棒などでのばして四角く形をととのえ、ラップで包んで冷蔵庫に1晩おく。
④ ③を麺棒で厚さ3mmにのばし、直径約10cmの円形に型ぬきする。直径6.5×高さ1.8cmのセルクルに敷き込む。余分な生地を切り落とし、冷凍する。
⑤ ④をシルパットを敷いた天板にのせ、中にアルミカップを敷く（Ⓐ）。重石を入れずに170℃のコンベクションオーブンで約15分焼く。カップとセルクルをはずし、室温にしばらくおいて粗熱をとる（Ⓑ）。

マンゴーリキュールで和えたドライマンゴー

① ボウルにドライマンゴーを入れ、マンゴーリキュールをそそいで和える（**Ⓐ**）。冷蔵庫に1晩おく。

POINT
→ ドライマンゴーはマンゴーリキュールでマリネすることで、マンゴーの風味は薄まらずに、ふっくらとした食感になる。

~~~~~~

マンゴーのクリーム

下準備：全卵は溶きほぐす／板ゼラチンは冷水でもどす

① 鍋にマンゴーピュレ、レモン果汁、グラニュー糖の1/3量を入れて強火にかけ、泡立て器で混ぜる（**Ⓐ**）。
② ボウルに溶きほぐした全卵を入れ、残りのグラニュー糖を加えて泡立て器ですり混ぜる（**Ⓑ**）。
③ ②に①の1/3量を加えて泡立て器で混ぜ（**Ⓒ**）、これを①の鍋に戻し、混ぜながら加熱する。
④ ひと煮立ちしたら火を止め、網で漉してボウルに移す。もどした板ゼラチンを加え（**Ⓓ**）、ゴムベラで混ぜ溶かしながら約35℃に調整する。
⑤ バターを加えてゴムベラで混ぜ溶かし、スティックミキサーに持ち替えてしっかりと乳化させる（**Ⓔ**）。冷蔵庫に1晩おく。

~~~~~~

マンゴーのジュレ

下準備：板ゼラチンは冷水でもどす

① ボウルにマンゴーピュレ、レモン果汁、グラニュー糖を入れ、泡立て器ですり混ぜる（**Ⓐ**）。
② 別のボウルにもどした板ゼラチンを入れ、マンゴーリキュールをそそぎ、湯煎にして板ゼラチンを溶かす（**Ⓑ**）。
③ ②に①を少量加え、湯煎にしてゴムベラで混ぜてなじませる。これを①のボウルに戻し（**Ⓒ**）、さらに混ぜる。
④ ③を37×27cmの底付きの型に移し、厚さ約5mmになるようにゴムベラなどでのばし（**Ⓓ**）、冷凍庫で冷やし固める。
⑤ ④を3.5cm角に切り分ける（**Ⓔ**）。

POINT
→ マンゴーピュレは極力火を入れず、フレッシュな果実感を生かす。板ゼラチンとマンゴーリキュールを合わせて湯煎にし、それをマンゴーピュレと合わせる方法を採用。

組立て・仕上げ

下準備：マンゴーは1〜1.5cm角に切る／フランボワーズは縦半分に切る

① パート・シュクレの底に、マンゴーリキュールで和えたドライマンゴーを10gずつ入れ、平らにならす（**A**）。
② ①にマンゴーのクリームを、ドライマンゴーの隙間を埋めるようにしてパレットナイフで詰め、パート・シュクレの縁までのばしてすり鉢状にする（**B**）。
③ マンゴーのジュレを入れ（**C**）、その上にマンゴーのクリームを適量のせて、少し山になるようにパレットナイフでととのえる（**D**）。
④ 上面にグラニュー糖をふり、バーナーであぶって焦げ目をつける（**E**）。この作業をあと2回行う。
⑤ 切ったマンゴーとフランボワーズを飾る（**F**）。

POINT
→ 工程④を計3回行ってしっかりとキャラメリゼし、表面はカリッとした食感に。まったりとした口あたりのクリームとのコントラストを演出する。

No.14

PÂTISSERIE
LACROIX
［パティスリー ラクロワ］

カシス オランジュ

オーナーシェフ
山川大介 さん

カシス × オランジュ

「お酒があまり飲めない僕が、いつもお酒の席で注文するのは飲みやすいカシスオレンジ。
そこで、そのカクテルをイメージしたムースを思いつきました」と山川大介さん。
とくにこだわったのは、カシスとオレンジの味わいのバランス。「カシスはえぐみや酸味が強いので、
これに負けないよう、オレンジのムースにはほどよい苦みがあって、
味わいの濃厚なブラッドオレンジを使用。さらに、皮入りのオレンジのコンフィチュールを
組み込んでオレンジの風味を強調しています」。カシスのムースはあえて甘みを抑え、
その一方で、カシスの酸味をやわらげる役目もあるというスイスメレンゲで全体の甘みを補った。

材料

使用する型：直径5.5×高さ4.5cmのセルクル

▸ **ビスキュイ・ジョコンド**
(つくりやすい分量・60×40cmの天板2枚分)

全卵…350g
粉糖…350g
アーモンドパウダー…350g
薄力粉…87g
卵白…320g
グラニュー糖…180g

▸ **オレンジのコンフィチュール**
(つくりやすい分量)

オレンジの皮…150g
オレンジの果肉…500g
グラニュー糖…240g

▸ **ブラッドオレンジのムース**
(54個分)

ブラッドオレンジピュレ (冷凍)…250g
グラニュー糖…15g
板ゼラチン…6g
オレンジの濃縮果汁…50g
生クリーム (乳脂肪分38％)…250g
オレンジのコンフィチュール…上記より適量

▸ **カシスのムース**
(54個分)

カシスピュレ (冷凍)…800g
粉糖…96g
板ゼラチン…29g
イタリアンメレンゲ…でき上がりより全量
┌卵白…160g
├グラニュー糖…240g
└水…48g
生クリーム (乳脂肪分38％)…960g

▸ **スイスメレンゲ**
(つくりやすい分量)

卵白…100g
グラニュー糖…100g
粉糖…100g

▸ **アンビバージュ**
(つくりやすい分量)

グラン・マルニエ…100g
シロップ (ボーメ30度)…200g

▸ **組立て・仕上げ**

カシスのナパージュ (P.174)…適量
金箔…適量

① オレンジのコンフィチュール
② カシスのムース
③ スイスメレンゲ
④ ブラッドオレンジのムース
⑤ ビスキュイ・ジョコンド

つくり方

ビスキュイ・ジョコンド

下準備：全卵は溶きほぐす／粉糖、アーモンドパウダー、薄力粉は合わせてふるう

① ボウルに溶きほぐした全卵を入れ、湯煎にして人肌程度に温める。
② ①をミキサーボウルに移し、合わせたアーモンドパウダーと薄力粉を加え、白っぽくなるまで撹拌する。
③ ボウルに卵白とグラニュー糖を入れ、角が立つ状態になるまで泡立てる。これを②に2回に分けて加え、そのつどゴムベラで混ぜる。
④ オーブンシートを敷いた60×40cmの天板2枚に③を流し、パレットナイフで厚さ8mm程度にのばして平らにならす。
⑤ 上火・下火ともに200℃のデッキオーブンで約13分焼く。粗熱をとり、直径5cmの円形に型ぬきする (Ⓐ)。

オレンジのコンフィチュール

① 鍋に水とオレンジの皮を入れて火にかける（❹）。皮に火がとおり、透明感が出てきたら、ザルにあけて水けを切り、1〜3mm角にきざむ（❺）。
② 鍋に①とオレンジの果肉、グラニュー糖を入れて強火にかけ（❻）、煮立ったら中火にして水分をとばしながら炊く。写真（❼）は炊き上がり。

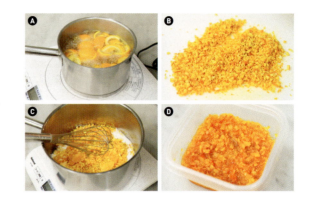

~~~~~~

ブラッドオレンジのムース

下準備：ブラッドオレンジピュレは2/3量を解凍する／板ゼラチンは冷水でもどす／生クリームは7分立てにする

① ボウルに解凍した2/3量のブラッドオレンジピュレ、グラニュー糖を入れて中火にかけ、沸騰直前まで加熱する。
② 火からおろし、もどした板ゼラチンを加えて混ぜ溶かす。残りの凍ったままのブラッドオレンジピュレを加え混ぜる。
③ ピュレが溶けて全体の温度が下がったら、オレンジの濃縮果汁、7分立てにした生クリームを加え混ぜる。
④ ③を口径4×高さ2cmのフレキシパンに縁いっぱいまで流し、冷凍庫で冷やし固める。
⑤ ④の表面にオレンジのコンフィチュールを薄くぬり、冷凍庫で冷やし固める。写真（❹）はコンフィチュールをぬって冷やし固めた状態。

POINT
→ 冷凍ピュレは2/3量を解凍してグラニュー糖とともに火にかけてなじませ、残りは凍ったまま混ぜ込むことで、フレッシュな果実味を生かす。

~~~~~~

カシスのムース

下準備：カシスピュレは2/3量を解凍する／板ゼラチンは冷水でもどす／生クリームは7分立てにする

① ボウルに解凍した2/3量のカシスピュレ、粉糖を入れ（❹）、中火にかけて沸騰直前まで加熱する。
② 火からおろし、もどした板ゼラチンを加えて混ぜ溶かす（❺）。残りの凍ったままのカシスピュレを加え混ぜる（❻）。
③ イタリアンメレンゲをつくる。卵白は軽く泡立てる（a）。グラニュー糖と水は鍋に入れて火にかけ、118℃になるまで加熱する（b）。aにbを少量ずつ加えながら、しっかりとした角が立つ状態になるまで泡立てる。人肌程度に冷ます。
④ ②のピュレが溶けて全体の温度が下がったら、7分立てにした生クリームを2回に分けて加え、そのつど泡立て器で混ぜる（❼）。
⑤ ③を2回に分けて加え、そのつどゴムベラで混ぜる（❽）。写真（❾）は混ぜ終わり。

POINT
→ 冷凍ピュレは2/3量を解凍して粉糖とともに火にかけてなじませ、残りは凍ったまま混ぜ込むことで、フレッシュな果実味を生かす。
→ イタリアンメレンゲを加えたあとは、メレンゲの気泡をつぶさないようにさっくりとゴムベラで混ぜ、ふっくらとした状態に仕上げる。

スイスメレンゲ

① ボウルに卵白とグラニュー糖を入れて湯煎にし、泡立て器で混ぜる（Ⓐ）。さわって熱く感じるようになったらミキサーボウルに移す。
② ①をホイッパーで高速で攪拌し、写真（Ⓑ）のように、すくうとしっかりとした角が立つ状態になるまで泡立てる。粉糖を加え、ゴムベラで混ぜる。
③ ②を口径7mmの丸口金を付けた絞り袋に入れ、オーブンシートを敷いた天板に棒状に絞る（Ⓒ）。上火・下火ともに90℃のデッキオーブンで約2時間焼く。室温にしばらくおいて粗熱をとり、長さ2cmに切り分ける。

アンビバージュ

① ボウルにグラン・マルニエとシロップを入れ、混ぜ合わせる（Ⓐ）。

組立て・仕上げ

① カシスのムースを丸口金を付けた絞り袋に入れ、直径5.5×高さ4.5cmのセルクルに8分目の高さまで絞る（Ⓐ）。
② ブラッドオレンジのムースをコンフィチュールをぬった面を上にして①に埋め込む（Ⓑ）。パレットナイフでコンフィチュールをカシスのムースでおおい、軽く平らにならす（Ⓒ）。
③ ビスキュイ・ジョコンドをアンビバージュにさっとくぐらせる。これを焼き面を下にして②にのせ（Ⓓ）、上からプラックなどで押して密着させる。冷凍庫で冷やし固める。
④ ③のセルクルをはずし、上面にカシスのナパージュを刷毛でぬり、中央にオレンジのコンフィチュールを少量ずつのせて金箔を飾る（Ⓔ）。
⑤ カシスのムースが少し解凍したら、スイスメレンゲをランダムに貼り付ける（Ⓕ）。

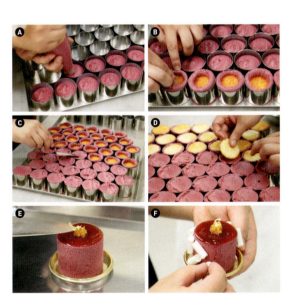

Ryoura
［リョウラ］

コンフレール

オーナーシェフ
菅又亮輔さん

グレープフルーツ×イチジク×スパイス

菅又亮輔さんがここ数年意識しているのは、"風味の引き算"。
単純に使用する素材の数を減らすという意味ではなく、ある素材がもつ余計な風味を別の素材で打ち消す、
「いわばかけ合わせによる引き算」という。「コンフレール」では、春のイメージに合わせて
グレープフルーツをチョイス。そこにイチジクを組み合わせて、グレープフルーツの苦みをやわらげるとともに、
イチジクの「土臭いような香り」を軽減した。さらに、グレープフルーツにスパイスの香りを重ねることで、
さわやかさを適度に抑え、まだ寒さの残る春にふさわしい、温もりのある味わいを演出。
複雑な構成ながら、各素材が段階を踏んで顔を出し、見事に調和する。

材料

使用する型：直径5.5×高さ4.5cmのセルクル

▸ ビスキュイ・オ・ザマンド
（つくりやすい分量・60×40cmの天板1枚分）

- 卵黄…80g
- 卵白A…60g
- アーモンドパウダー…100g
- 粉糖…100g
- 卵白B…200g
- グラニュー糖…120g
- 薄力粉…90g

▸ クランブル
（つくりやすい分量）

- バター…250g
- グラニュー糖…250g
- 強力粉…250g
- アーモンドパウダー…250g
- 塩…5g

▸ イチジクのコンポート
（つくりやすい分量）

- ドライイチジク（白）…適量（シロップと水に浸る程度）
- シロップ（ボーメ30度）…300g
- 水…75g

▸ パッションフルーツとアプリコットのジュレ
（約29個分）

- パッションフルーツピュレ…45g
- オレンジ果汁…32g
- グラニュー糖…16g
- トレハロース…2.5g
- 板ゼラチン…1.4g
- アプリコット（冷凍）…22g

▸ パン・デピスのクリーム
（約33個分）

- 牛乳…146g
- 生クリーム（乳脂肪分35％）…146g
- 卵黄…60g
- グラニュー糖…46g
- パン・デピスパウダー…1.2g
- 板ゼラチン…4.2g

▸ グレープフルーツのムース
（15個分）

- ピンクグレープフルーツピュレ…200g
- 板ゼラチン…10.6g
- ラム酒（ホワイト）…2.6g
- 生クリーム（乳脂肪分35％）…220g
- イタリアンメレンゲ（P.174）…153g

▸ グレープフルーツのクレーム・シャンティイ
（つくりやすい分量）

- グレープフルーツのコンフィチュール（P.174）…25g
- 生クリーム（乳脂肪分35％）…200g
- キビ糖…16g

▸ 組立て・仕上げ

- アンビバージュ（P.174）…適量
- 粉糖…適量
- アーモンドのクラックラン（P.174）…適量
- グレープフルーツのコンフィ（P.174）…適量
- ナパージュ・ヌートル…適量

① イチジクのコンポート
② グレープフルーツのコンフィ
③ グレープフルーツのクレーム・シャンティイ
④ グレープフルーツのムース
⑤ パッションフルーツとアプリコットのジュレ
⑥ パン・デピスのクリーム
⑦ ビスキュイ・オ・ザマンド
⑧ クランブル

つくり方

ビスキュイ・オ・ザマンド

下準備：アーモンドパウダーと粉糖は合わせてふるう

① ボウルに卵黄と卵白Aを入れて混ぜ合わせ、湯煎にするなどして人肌程度に温める。
② ミキサーボウルに①を網で漉して入れ、合わせたアーモンドパウダーと粉糖を加え、ホイッパーで中速で撹拌する。
③ 別のミキサーボウルに卵白Bを入れ、グラニュー糖を3回に分けて加えてそのつどホイッパーで撹拌し、固く、しっかりとしたメレンゲをつくる。
④ ②に③をひとすくい加え、ゴムベラで混ぜてなじませる。残りの③を加え、薄力粉を少量ずつ加えながらしっかりと混ぜる。
⑤ ④をオーブンシートを敷いた60×40cmの天板に流し、パレットナイフで平らにならす。190℃のコンベクションオーブンで約10分焼く。室温にしばらくおいて粗熱をとる。

クランブル

① バターは1cm角に切る。これと、グラニュー糖、強力粉、アーモンドパウダー、塩をミキサーボウルに入れ、ビーターで低速で混ぜる。ひとかたまりになったら混ぜ終わり。
② ①をパイシーターで厚さ2mmにのばし、フィルムを敷いたプラックにのせて冷蔵庫に2時間おく。
③ ②を直径5.3cmの円形に型ぬきし、シルパットを敷いた天板に並べて160℃のコンベクションオーブンで約12分焼く。室温にしばらくおいて粗熱をとる（**A**）。

~~~~~~

イチジクのコンポート

① ドライイチジクは1cm角に切る。
② 鍋にシロップと水を入れて火にかけ、沸騰したら①を加えて弱火で煮る（**A**）。竹串がすっととおるようになったらボウルにあけて冷ます。汁けをきって冷蔵庫で保管する（**B**）。

~~~~~~

パッションフルーツとアプリコットのジュレ

下準備：板ゼラチンは冷水でもどす

① ボウルにパッションフルーツピュレとオレンジ果汁を入れ、電子レンジで40℃になるまで温める。グラニュー糖とトレハロースを加え（**A**）、泡立て器で混ぜ溶かす。
② もどした板ゼラチンを加えて混ぜ溶かす。
③ 冷凍のアプリコットを凍っているうちに細かくきざみ（**B**）、②に加えてゴムベラでよく混ぜる（**C**）。
④ ③を口径4×高さ2cmのフレキシパンに4gずつ流す（**D**）。ショックフリーザーで冷やし固める。

POINT
→ フルーツの風味や色を生かすため、パッションフルーツピュレとオレンジ果汁は加熱しすぎないように注意。
→ 冷凍のアプリコットは解凍すると色が悪くなるため、凍ったまま使用する。

~~~~~~

パン・デピスのクリーム

下準備：板ゼラチンは冷水でもどす

① 鍋に牛乳と生クリームを入れ、火にかけて沸騰させる。
② ①と並行して以下の作業を行う。ボウルに卵黄を入れ、グラニュー糖、パン・デピスパウダーを順に加えて（**A**）、そのつど泡立て器ですり混ぜる。
③ ①の半量を②に加えて泡立て器で混ぜ（**B**）、①の鍋に戻し入れる。弱火にかけ、泡立て器で混ぜながら82℃になるまで炊く（**C**）。
④ ③にもどした板ゼラチンを加えて混ぜ溶かす。これを網で漉してボウルに移し（**D**）、底に氷水をあててゴムベラで混ぜながら22～23℃になるまで冷ます。

グレープフルーツのムース

下準備：板ゼラチンは冷水でもどす／生クリームは8分立てにして約6℃に調整する／イタリアンメレンゲは約24℃に調整する

① ピンクグレープフルーツピュレは、電子レンジで40℃まで温める。
② ①に、もどした板ゼラチンとラム酒を加え、ゴムベラで混ぜ溶かす（**A**）。底に氷水をあてて混ぜながら16℃になるまで冷やす。
③ 8分立てにして約6℃に調整した生クリームを、ふたたび8分立てにする。これを約24℃に調整したイタリアンメレンゲ（**B**）を入れたボウルに加え、ゴムベラの平らな面を使ってメレンゲの固りをほぐすようにしてざっと混ぜる。写真（**C**）は混ぜ終わり。
④ ③に②の半量を少しずつ加えながら、ゴムベラで底からすくうようにして混ぜる。残りの②を同様に加え混ぜる（**D**）。

POINT

→ フルーツの風味や色を生かすため、ピンクグレープフルーツピュレは加熱しすぎないように注意。合わせる生クリームやイタリアンメレンゲも同様の狙いから、適切な温度に調整しておく。

→ 「温めたピュレにゼラチンを混ぜてとろみがつくまで冷まし、それを生クリームとイタリアンメレンゲに混ぜ込んだ瞬間に固まりだすイメージ」（菅又さん）で調整すると離水しにくくなる。

グレープフルーツのクレーム・シャンティイ

下準備：生クリームは8分立てにして約6℃に調整する

① ボウルにグレープフルーツのコンフィチュール、8分立てにして約6℃に調整した生クリーム、キビ糖を入れ、泡立て器で混ぜてしっかりと泡立てる（**A**＆**B**）。

組立て・仕上げ

下準備：グレープフルーツのコンフィは細長い三角形に切る

① パッションフルーツとアプリコットのジュレの入ったフレキシパンに、イチジクのコンポートを2切れ程度ずつのせ、パン・デピスのクリームをデポジッターで12gずつ流す（**A**）。ショックフリーザーで冷やす。
② ビスキュイ・オ・ザマンドを直径3.8cmの円形に型ぬきし、焼き面を下にして並べ、アンビバージュを刷毛でぬる（**B**）。
③ プラックにフィルムを貼り、直径5.5×高さ4.5cmのセルクルを並べて、クランブルを焼き面を上にして入れる（**C**）。
④ グレープフルーツのムースを絞り袋に入れ、③のセルクルに半分の高さまで絞る。スプーンの背でいったん平らにならしたのち、セルクルの縁までのばしてすり鉢状にする（**D**）。
⑤ ②をアンビバージュをぬった面を下にして④に入れる（**E**）。
⑥ ①をフレキシパンからはずし、ジュレの面を上にして⑤に入れ、指でぐっと押して型の半分くらいの高さまで沈める（**F**）。先に入れたビスキュイが底につくくらいのイメージでOK。
⑦ グレープフルーツのムースをセルクルの縁いっぱいまで絞り、パレットナイフで平らにならす。ショックフリーザーで冷やし固める。
⑧ ⑦の側面をバーナーであぶってセルクルをはずし、冷凍庫で冷やす。
⑨ ⑧の上面にペティナイフを刺して持ち上げ、粉糖を側面にまんべんなくふる（**G**）。プラックにのせ、ナイフを抜く。
⑩ 上面にグレープフルーツのクレーム・シャンティイをパレットナイフで薄くぬり、中央がやや高いなだらかな丘状にととのえる（**H**）。
⑪ 絞り袋に星口金を付け、グレープフルーツのクレーム・シャンティイを入れて、⑩の上面にバラ形に2つ絞る。
⑫ アーモンドのクラックランと切ったグレープフルーツのコンフィをのせ、イチジクのコンポートにナパージュ・ヌートルをぬって飾る。

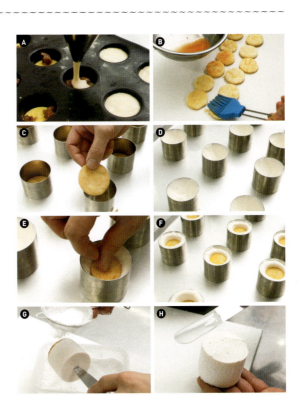

15人の話題のパティシエが手がける、オリジナリティあふれるプチガトーを紹介。素材の使い方、季節感の演出法、定番菓子のアレンジの仕方など、それぞれのプチガトーに込められたテーマと、それを表現するためのアイデアに注目です。

PÂTISSERIE JUN UJITA ｜ オーナーシェフ 宇治田 潤さん

❶ 軽さと重さのコントラストを演出。赤ワインで大人びたイメージに

どっしりと重たいガナッシュ・モンテは、「カカオ分が高く、ほどよい酸味もあるので、重めの食感に仕上げてもくどくなりすぎない」と、ヴァローナ「グアナラ」（カカオ分70％）でガナッシュを仕込み、7〜8分立てにした。ポイントは赤ワイン。メレンゲたっぷりの軽やかなガトー・ショコラ生地は、ガナッシュをのせてから表面がカリッとするまで焼き、赤ワインのシロップにくぐらせる。ガナッシュ・モンテの上には赤ワインとイチジクのシロップをたれ落ちるくらいに流した。

❷ グロゼイユでレモンの酸味に変化をつけたタルト・シトロン

「タルト・シトロンにグロゼイユの酸味と渋みを合わせて、レモンの風味を引き立たせました」と宇治田さん。イタリアンメレンゲにほんのり色づく程度にグロゼイユのピュレを合わせ、レモンクリームの下にはグロゼイユのジュレを薄く敷いて、ほどよいバランスでグロゼイユの個性をプラス。よく焼いてざっくとした食感に仕上げたパート・シュクレと、ねっとりとしつつも、すっとなめらかに溶けるレモンクリームは好相性で、レモンの鮮烈な香りと生地のこうばしさを引き立て合う。

❸ コーヒーとほろ苦いキャラメルの風味をラム酒で底上げ

カリブ海のアンティル諸島がアイデアの源泉。「アンティルはラム酒の生産が盛んなようで、ラム酒をテーマに考案しました」と宇治田さん。ジェノワーズ・オ・ザマンドは、同店のカフェでも提供している丸山珈琲のブレンドと、シナモンをきかせた仕立てで、そこにラム酒をぬり、ラム酒漬けのレーズン、バナナのキャラメリゼ、キャラメルのクレーム・オ・ブールをサンド。レーズンはほどよい歯ごたえが残る程度にラム酒に漬けるなど、細部まで食感のコントラストも意識した。

Pâtisserie Yu Sasage ｜ オーナーシェフ 捧 雄介さん

❶ 素材どうしの相性から着想。ベリー×チョコ×紅茶の共演

土台のチョコレートのサブレに、チョコレートのビスキュイを重ね、上には紅茶とチョコレートのムース。その中にイチゴなどの赤い果実のジュレ、フランボワーズのムースをしのばせた。チョコレートのグラサージュで輝きを演出し、フランボワーズ、イチゴ、グロゼイユ、ホワイトチョコレートの細工をあしらった。「ベリーとチョコレートと紅茶という、それぞれが好相性の素材を合わせました」と捧さん。素材のコンビネーションからプチガトーの構成を発想するのは、捧さんの得意技だ。

❷ 柑橘の魅力をグラスに詰めたキンカンが主役のサバラン

季節替わりで提供するグラススタイルのサバランは同店の定番の一つ。「アグリューム」は冬から春に移行する時期に販売したバリエーションで、キンカンを中心に柑橘の魅力をグラスに詰め込んだ。サバラン生地にはキンカンのシロップとマンダリンオレンジのリキュールをしみ込ませ、その上にクレーム・パティシエール、ミカンのコンフィ、キンカンのコンポート、フレッシュのミカンとハッサク、コアントロー風味のクレーム・シャンティイを重ねた。飾りはキンカンのコンポートとグロゼイユ。

❸ イチゴとホワイトチョコで赤×白の鮮やかな色合いに

主役はイチゴのジュレとホワイトチョコのムース。ヘーゼルナッツのビスキュイのこうばしさが、ホワイトチョコを使ったムースのまろやかな乳味を受け止める。また、ヘーゼルナッツのプラリネとミルクチョコ、フイヤンティーヌを合わせたものを挟み、ムースやジュレ、ビスキュイといったやわらかなパーツに、ザクザクとした食感を添えて立体感を演出。上面はイチゴのコンフィチュールでおおい、イチゴとグロゼイユを飾った。「赤と白の色合いのコントラストを表現したかった」と捧さん。

Pâtisserie PARTAGE ｜ オーナーシェフ 齋藤由季さん

❶ 定番のチョコミント味をやさしい風味で表現

フランス・アルザスのヴォルフベルジェール社のミントリキュールから発想。しっとりとして口溶けのよいビスキュイ・サシェールの器に、さわやかな風味とやわらかい緑色が魅力のミントのムースを詰め、軽い口あたりのチョコレートのクレーム・シャンティイを絞った。中央に組み込んだ、フェルクリン「フェルコール」（カカオ分52％）のムースはやさしい風味に仕上げ、ミントの繊細ですっきりとした味とマッチさせている。「食べやすさを重視し、やさしい風味で統一感を出しました」と齋藤さん。

❷ 華やかなタイベリーとスパイスの風味が好相性

華やかな風味のタイベリーが主役。菊形にぬいて焼いたシナモン風味のリンツァー生地に、タイベリーのコンフィチュールをぬり、ナツメグやカルダモン、シナモンなどが香るスペキュロス風味のババロワをサンド。中には、果実味あふれるタイベリーのジュレを仕込んだ。上のリンツァー生地には異なる大きさの穴を2つあけてタイベリーのコンフィチュールを流し、主役の素材をアピール。厚さ4mmの土台に対し、上の生地が同1.5mmなのは、フォークの入れやすさを意識してのこと。

❸ 濃厚なバタークリームとさわやかなライムの組合せ

鮮やかなライムグリーンが印象的な1品。ライムが香るクレーム・オ・ブールは、柑橘のさわやかさを際立たせながら、軽すぎずしっかりとした味わいと口あたりに。統一感のある印象にするため、濃厚なピスタチオのビスキュイを組み合わせた。ビスキュイに重ねた、フランボワーズ、カシス、グロゼイユ、イチゴといった赤い果実でつくる甘ずっぱいコンフィチュールが味のアクセントだ。ホワイトチョコレートをピストレがけする前に、ライムの皮を削ってふり、ライムの香りを強調させている。

Libertable ［リベルターブル］

❶ レヴェイユ
❷ ロジーク
❸ エリゼ

Pâtisserie Rechercher ［パティスリー ルシェルシェ］

❶ キリマンジャリ
❷ ブランシュ ネージュ
❸ 80（ハチジュウ）

acidracines ［アシッドラシーヌ］

❶ マカロンシャテーヌ
❷ フォレ・ノワール
❸ ショコラアンタッセ

Libertable　オーナーシェフ 森田一頼さん

❶ "油で揚げる"をヒントに フキノトウをプチガトーに

フキノトウをプチガトーに使おうと考案した1品。「フキノトウをおいしく食べられる調理法といえば、天ぷら」と考えた森田さんは、天ぷらの"油で揚げる"という調理法をヒントに、油脂であるバターを使うフイユタージュにフキノトウを練り込んで焼き上げた。「バターの油脂で、フキノトウを揚げ焼きにするイメージです」と森田さん。フイユタージュの間には菜の花を練り込んで苦みをきかせたクレーム・ムースリーヌを挟み、イチゴ、菜の花、食用花びらをデコレーションして、彩りを添えた。

❷ 大吟醸のフルーティーな香りが 洋ナシに呼応して風味がアップ

洋ナシのル レクチエと、大吟醸の日本酒の組合せを提案。大吟醸のフルーティーな香りと洋ナシの風味が重なり、お互いを引き立て合う。土台のチョコレートのダックワーズの上には、ル レクチエのコンポートをしのばせたル レクチエのババロワ。そこにビスキュイ・ジョコンドを重ね、大吟醸の酒かすを加えたキャラメル風味のムースをのせた。表面はジャンドゥーヤと洋ナシのオー・ド・ヴィを加えたグラサージュでおおい、チョコレート細工とセミドライのル レクチエをあしらった。

❸ 伝統菓子のフレジエをアレンジ。 イチゴは2つの食感で味わい深く

「イチゴを使ったケーキが食べたい」というお客からのリクエストを受けて開発。伝統菓子のフレジエをベースに、森田さんならではの自由な発想でアレンジした。センターにイチゴを丸ごと入れ、周囲をクレーム・ムースリーヌ、ビスキュイ・ジョコンドで包んでロールケーキのような仕立てに。表面には薄くスライスしたイチゴを貼り付け、ナパージュで固めて食用バラをちらした。センターのイチゴは丸のまま、表面のイチゴは薄切りと、切り方を変えることで、食感の変化も楽しませる。

Pâtisserie Rechercher　オーナーシェフ 村田義武さん

❶ 中と外のパーツの味わいを逆転。 既存商品を新発想で一新

周囲はフランボワーズピュレを配合したミルクチョコのムース、中心はコーヒーのガナッシュとフランボワーズのジュレ、底は目の詰まったブラウニー。フランボワーズとミルクチョコのガナッシュのまわりをダークチョコとコーヒーのムースでおおった定番商品をリニューアルした。「最初にコーヒーを感じるよりも、フランボワーズとミルクチョコの味の中にコーヒーが隠れていたほうが、コーヒーのえぐみがミルクチョコのマイルドな味わいに包まれて、しっくりきました」と村田さん。

❷ まったりとした口溶けのなかに、 スパイスが香り立つ

ギリギリに成形できる固さに仕上げたレアチーズケーキ。ふんわりと軽やかながら、まったりとした口溶けが特徴だ。「乳脂肪分75%の濃厚なブコのクリームチーズと、ほどよい塩けがあるキリのクリームチーズを同割で使い、さらに塩を加えて、チーズそのものの印象を強調。甘みは抑えて、ワインにも合うお菓子に仕上げました」と村田さん。センガセンガナ種のイチゴとグロゼイユのコンポートの、ほどよい酸味とえぐみ、ねちっとした食感に仕上げた土台のパン・デピスの香りがアクセントだ。

❸ ガナッシュ、生地ともに 力強い味わいで、重厚感を訴求

「イメージは、フランス版ザッハトルテ」と村田さん。重厚感のあるビスキュイ・サシェールと、ブラリュ「クーベル・フォルティシマ」（カカオ分80%）を使ったねっとりとしたガナッシュを6層に。ビスキュイ・サシェールはガナッシュに負けない存在感を出すために、卵黄とアーモンドパウダーをたっぷりと使ってこくを強め、「コニャックV.S.O.P.40°」を配合したシロップをぬった。「コニャックのウッディな香りが、クーベル・フォルティシマのもち味である力強いカカオ感によく合います」。

---

acidracines　オーナーシェフ 橋本 太さん

❶ コーヒーの苦みとラム酒のキレ。 男性的芳香のマカロンのガトー

マカロンの甘さに何をぶつけて味のバランスをとるか？「酸味をプラスするのでは当り前すぎる。コーヒーの苦みとラム酒のキレで調和を図ったら面白いのでは」と考えた橋本さん。コーヒーのマカロン生地にはフランス製のコーヒーエキスで苦みをプラスし、あえてエッジの立った味わいに。ラム酒のきいた分厚いババロワをコーヒーのガナッシュとダークチョコレートのガナッシュで挟み、マカロンのセンターに組み込んだ。栗のムースリーヌで周囲をおおい、栗のコンポートなどをあしらった。

❷ キルシュとチェリーの風味を 強調した"定番菓子・自分流"

フォレ・ノワールを、味の構成はオーソドックスなスタイルのままに、キルシュとグリオットチェリーの風味を強調したスタイルにアップデート。グリオットチェリーのジュレと実を、卵多めの配合の濃厚なキルシュ風味のババロワで挟み、キルシュをたっぷりぬったチョコレートのビスキュイ・ジョコンドで巻いた。中のグリオットチェリーの実は、キルシュ漬けではなく、レモンとアニスで香りづけしたコンポートなのもポイントだ。チョコレート細工やシャンティイで遊び心のあるデザインに。

❸ 食感の違いで広げるチョコの魅力。 口溶けの時間差を楽しむ仕立て

「チョコレートで食感の振り幅の広い1品を」（橋本さん）と考え、使用する油脂や油脂分の変化でチョコレートをさまざまなパーツに展開して層に。上のパーツから順に口の中で溶けるよう、上からチョコレートのグラサージュ、ミルクチョコレートのムース、チョコレートのビスキュイ、ガナッシュ、フイヤンティーヌと和えたプラリネ、ヘーゼルナッツ、ブラウニーの順に配置。ムースにはオレンジのフラワーウォーター、ビスキュイにはローマジパン、ガナッシュにはコニャックを合わせて風味もアップ。

M-Boutique OSAKA MARRIOTT MIYAKO HOTEL | 飲料部ペストリー料理長 赤崎哲朗さん

❶
春夏の雰囲気を演出する
南国フレーバーと"のどごし"

南国フルーツの風味を強調したムースとジュレが主役。春夏向けの1品で、フレーバーだけでなく、食感も季節に合わせた仕様に。赤崎さんが追求したのは"のどごしのよさ"。ムースとジュレは、つるんとした口あたりとなめらかな舌ざわりに。土台のジェノワーズ・オ・ザマンドも、ふんわりと軽さのある生地に焼き上げ、オレンジなどの柑橘類のシロップをたっぷりとぬって、口溶けよく仕上げた。ココナッツロング、ビスキュイ・ア・ラ・キュイエール、フランボワーズなどで飾り付け。

❷
"甘ずっぱい"をテーマにした
チェリーとピスタチオの合わせ技

コンセプトは"甘ずっぱさ"。ピスタチオは、土台のガレットとビスキュイ、その上のクレーム・ムースリーヌに展開。ビスキュイにはチェリーのリキュールをぬり、ムースリーヌにはグリオットチェリーのコンポートをしのばせ、ピスタチオとチェリーを融合。仕上げに、コンポートの煮汁で仕込んだグラサージュで表面をルビー色に色づけた。味と食感のバランスをとる役割のマスカルポーネチーズのクリームは、あえて中には組み込まず、ピスタチオのクロカンと合わせてクネル形にしてトッピング。

❸
ていねいに炊いたクリームが肝。
塩とラム酒で奥行のある味に

シュー生地の中は、タヒチ産のバニラビーンズを使った香り豊かなクレーム・ディプロマットと、ソテーしてキャラメリゼさせたバナナ。クレーム・シブーストでシューにふたをし、上面をしっかりとキャラメリゼ。シュー生地には塩、クレーム・ディプロマットとバナナにはラム酒をしっかりときかせ、味に奥行を出した。製法のポイントは、ずばり「クリームをていねいに、おいしく炊くこと」（赤崎さん）。クリームのなめらかな舌ざわりとシュー生地の食感のコントラストも魅力だ。

pâtisserie VIVIenne | オーナーシェフ 柾屋哲郎さん

❶
素朴な米のデザートに
トロピカルな味をプラス

フランスの家庭的なデザートをエキゾチックな味わいにアレンジ。牛乳の代わりにココナッツミルクを使って秋田県産の無農薬栽培の米を煮込んだミルキーなリ・オ・レに、オレンジとレモンの果汁、シナモン、唐辛子を加えてつくるパイナップルのコンポートを組み込んだ。トッピングは薄くスライスして乾燥焼きしたパイナップル。見た目の華やかさに加え、パリッとした食感もアクセントになっている。別添えで提供するゲランドの塩をかけると全体の味が引き締まり、甘みも引き立つ。

❷
ミリンの絞りかす「こぼれ梅」の
こうばしいグリエで個性的に

岐阜県の白扇酒造から仕入れるミリンの絞りかす「こぼれ梅」を使った個性的なプチガトー。「こぼれ梅を焼くとナッツのような香りになるんです」と柾屋さん。タルト生地に、パッションフルーツがほんのり香るさわやかなクルミ入りキャラメル、コーヒーのクリームを重ね、パート・ダマンド、こぼれ梅のグリエを敷き詰めた。甘み、酸味、苦みに、こぼれ梅の淡いアルコールの香りが重なり、複雑ながらバランスのよい味わいを生む。こぼれ梅のグリエとクルミは食感のアクセントにも。

❸
やわらかな口溶けと
春らしい色合いが魅力

緑とピンクの春らしい色合いが目をひく。「ヴェリーヌだからこそできる食感の表現にも力を入れました」と柾屋さん。イチゴのコンフィチュールを組み入れたピスタチオのクリームはとろりと、イチゴのクレーム・シブーストはふんわりやわらかなテクスチャーに仕上げ、上面のキャラメリゼで甘みと苦みをプラスした。中央に配した生のイチゴも春らしさを演出。イチゴは旬の品種のなかから、とちおとめや紅ほっぺなど酸味が強めで水分が少ないものを使い、甘みとのバランスをとっている。

UN GRAND PAS | オーナーシェフ 丸岡丈二さん

❶
柑橘のほろ苦さとナッツのこくを
スパイスがアロマティックに演出

ブラッドオレンジ×ヘーゼルナッツは丸岡さんのお気に入りの組合せ。そこに、バニラやアニス、シナモンなどの風味を添えて"大人の味"に発展させた。構成は、ヘーゼルナッツをのせたダックワーズ、スパイス風味のムース、パン・ド・ジェンヌ、ブラッドオレンジのジュレ、ヘーゼルナッツとチョコレートのムース。ブラッドオレンジの心地よい苦みと酸味に、ムースリーヌはバター多めの配合でこくうばしさ。複雑になっていくその味が、スパイスの芳香でいっそうふくよかになる。

❷
桜色に染まるミルフィーユ。
絞りの変化でチャーミングに

桜の濃縮エキスを使い、風味も色も春色に染め上げた。9つの層をつくるのは、桜の濃縮液を加えて炊いたクレーム・パティシエールにバターを合わせたクレーム・ムースリーヌ、焦げる直前まで焼き込み、しっかりとキャラメリゼしたザクザクの食感のフイユタージュ、そしてグリオットチェリーのジュレ。フイユタージュが水分を吸って食感を損なわないよう、ムースリーヌはバター多めの配合で仕込むのがポイント。星口金や丸口金などでムースリーヌの絞り方を変え、心はずむデザインに。

❸
ムースも土台も軽さが身上。
甘ずっぱい春夏のフレーバー

「"トロピカル"をテーマに、ムースが主役の軽やかな味わいを」（丸岡さん）と考案した春夏商品。マンゴー風味とフランボワーズ風味の、ふんわりとした口あたりの2種類のムースを層にし、その間に口溶けのよいライチのジュレを組み込んだ。「クレーム・ダマンドやフランジパーヌだと食感が重くなってしまうので、土台のパート・シュクレにはフランを詰めました」と丸岡さん。フランにはフランボワーズの実をプラスし、フランの甘さを果実の酸味で引き締めて春夏向けの味にぐっと引き寄せた。

PÂTISSERIE BIGARREAUX　│　オーナーシェフ 石井 亮さん

❶
タイベリーの華やかな香りに重なる、バラとアールグレイのニュアンス

タイベリーのピュレを試食した際に、「バラに似たような香りを感じた」と言う石井さん。そこでタイベリーにバラのリキュールと、さらにバラと相性のよいアールグレイをプラスしたプチガトーを考案。タイベリーにバラの香りをふわりと重ねたムース、アールグレイのムース、タイベリーとフランボワーズのジュレ、アールグレイとバラのシロップをぬったビスキュイを層にした。

❷
白ワインとヨーグルトでキレよく仕上げた、夏向けのレアチーズ

レアチーズケーキをイメージした既存のプチガトーを、ムースのルセットを変更してブラッシュアップ。クリームチーズに同量のヨーグルトを加え、さらに白ワインを配合して、深みがありながらも、夏らしいキレのよい味わいのムースに仕上げた。リュバーブ、グロゼイユ、イチゴを合わせたコンポートを厚めに組み込み、クレーム・シャンティイとスポンジ生地のクラムでコーティング。

❸
ピュレと果汁をたっぷり配合した"とことん軽い"バタークリーム

テーマは、「ムースを超える、とことん軽いバタークリーム」(石井さん)。素材を合わせる順番、メレンゲの固さや温度などを工夫して「常識破りな量」のフランボワーズのピュレと果汁を配合し、果実味豊かなバタークリームをつくり上げた。クリームの魅力をアピールするため、構成はシンプルに。グロゼイユのジュレ、ローズマリー風味のシロップをぬったビスキュイ・ジョコンドなどと層にした。

Shinfula　│　オーナーシェフ 中野慎太郎さん

❶
フレーズ・デ・ボワの風味をライチの香りが引き立てる

夏限定で販売した1品。フレーズ・デ・ボワのムース、フレーズ・デ・ボワのジュレ、ライチのジュレを層に。フレーズ・デ・ボワの甘ずっぱさをライチのやさしい香りが引き立てる。土台のビスキュイ・ジョコンドも、くだいた冷凍フランボワーズをのせて焼き上げ、果実の風味をプラス。イチゴとフレーズ・デ・ボワ、イチゴのコンフィチュールで飾り、見た目にも華やかなプチガトーに仕上げた。

❷
サングリアのフレーバーでイチジクの旨みを強調

フランス料理のデザートの定番、イチジクの赤ワイン煮がアイデアの源泉。イチジクは、薄くスライスして砂糖をふり、自家製のサングリアシロップに浸して1週間以上冷蔵。クレーム・ダマンドを詰めて焼いたパータ・フォンセに、ヨーグルト風味のクレーム・シャンティイを絞り、サングリアの風味をまとったイチジクをあしらった。ヨーグルトのさわやかな酸味をプラスすることで、軽やかさを演出。

❸
マンゴーの濃厚な味わいにスパイスがふわりと香る

沖縄・石垣島の契約農家から仕入れるマンゴーを主役にした、鮮やかなビタミンカラーが目をひくプチガトー。ダックワーズに、マンゴーとパッションフルーツのジュレをサンドしたマンゴーのムースを重ねた。フレッシュのマンゴー、黒コショウやアニスなどのスパイスが香るマンゴーとパッションフルーツのジュレ、オレンジのコンフィをふんだんにトッピングしてフルーツの魅力をアピール。

Relation　│　オーナーシェフ 野木将司さん

❶
ムース×タルト生地、栗×カシスの調和を図る

"カシスの酸味と栗の甘さの調和"がテーマ。ビスキュイ・ア・ラ・キュイエール、カシスのクリームと実を詰めたパート・シュクレに、ミルクチョコレートのプレートと栗のババロワを順に重ねた。「どのお菓子にもいえますが、やわらかなパーツだけが目立つのではなく、生地にもきちんと存在感があり、すべてのパーツの一体感がおいしさにつながっているのが私の理想です」(野木さん)。

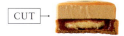

❷
ベルガモットの酸味とバナナの甘みのハーモニー

さわやかな酸味と香りがもち味のベルガモットを基点に、アイデアを膨らませたプチガトー。ベルガモットピュレでムースを仕込んでダックワーズに重ね、焼いたメレンゲを添えた。ムースの中は、フレッシュのバナナとイチゴのジュレ。ベルガモットの酸味にバナナのねっとりとした甘さが合うと考え、さらに両者がスムーズに重なるためのつなぎ役としてイチゴをチョイスした。

❸
イタリアの定番素材を使ってシンプルでいて豊かな味を表現

イタリアの定番素材、ヘーゼルナッツとレモンをテーマにした1品。シンプルな組合せだが、粗くくだいたヘーゼルナッツを配合したダックワーズが、チョコレートとヘーゼルナッツのムースやレモンのクリームのやわらかな口あたりと相まって、リズムのある食感と豊かな味わいをつくり出す。ヘーゼルナッツのキャラメリゼやスライスしたレモンを飾り、ビジュアルでもテーマをストレートに表現。

grains de vanille | オーナーシェフ 津田励祐さん

❶
マカロンを使う定番菓子を
栗が主役の秋向けのスタイルに

マロンペーストをたっぷりと加え、しっかりと乳化させたクレーム・オ・ブールは、口溶けのよさと栗の濃厚な風味がもち味。その中に組み込んだ、ダークチョコレートのクリームとコーヒーのクレーム・ブリュレのほろ苦さが、全体の味を引き締める。底のマカロン生地にはマロン・デブリを重ね、栗の風味をさらに強調。糖衣がけしたアーモンドで周囲をコーティングし、食感と見た目の印象もアップ。

❷
赤ワイン×オレンジ×シナモンで
サングリアをイメージ

シナモンがふわりと香るビスキュイと、フランス南部のコート・ド・ローヌの赤ワインでつくるムースを層にし、その中にブラッドオレンジのムースとジュレを重ねて組み込んだ。フルーティーでありながらこくのある赤ワインの風味と、ブラッドオレンジのさわやかな酸味がマッチし、さらにシナモンの香りが重なって味わいに奥行を生む。赤ワインのナパージュとベリー類で華やかに仕上げた。

❸
多彩なパーツでアピールする、
滋味あふれる栗の魅力

マロン・デブリをちらした濃厚な栗のムースをクルミのビスキュイでサンドし、生クリームをたっぷりと配合した軽やかな口あたりの栗のムースを重ねた。トップは、サントノレ口金で絞った栗のクレーム・シャンティイ。仕上げに上からたらしたチョコレートのグラサージュが、見た目の楽しさを演出する。ビスキュイに混ぜ込んだコショウのピリッと刺激的な風味がアクセントだ。

PÂTISSERIE LACROIX | オーナーシェフ 山川大介さん

❶
パッションフルーツを
チョコレートで印象深く

パッションフルーツの鮮やかな酸味をきかせたクリームを主役に据えたタルト。パッションフルーツの酸味だけでは単調になると考え、ガナッシュを組み込んでこくをプラス。さらに、パート・シュクレにシナモンを練り込んで全体の香りの印象を高めている。ガナッシュはパッションフルーツの酸味との相性を考慮して、ダークとミルクの2種類のチョコレートを4対6の割合でブレンド。

❷
食べやすいエクレアのような
スタイルに伝統菓子をアレンジ

シュクセでクレーム・シャンティイをサンドする伝統的なスタイルの「ムラング シャンティー」を、シンプルなパーツ構成はそのままに、新たなデザインで提案。シュクセを細長く絞って焼き上げ、その上にキャラメルを配合したクレーム・シャンティイを絞って、ヘーゼルナッツやピスタチオなどをトッピングした。エクレアを思わせるデザインは、食べやすさもアピールする。

❸
生まれ年につくられた
カルヴァドスから発想を展開

山川さんの生まれ年である1978年製のカルヴァドスが手に入ったことから考案。ドモーリ「アプリマク」(カカオ分75%)も使い、とことんぜいたくな味わいを追求。カルヴァドスとアプリマクを合わせてなめらかなムースを仕立てて、その中にペースト状のリンゴのコンポートをしのばせた。カルヴァドスとチョコの芳醇な香りを、リンゴのさわやかな風味が追いかける。シックな見た目も高級感を演出。

Ryoura | オーナーシェフ 菅又亮輔さん

❶
多彩なフルーツ×ヨーグルト。
ビタミンカラーで"朝"を表現

フルーツとヨーグルトの組合せをテーマにした、フランス語で「朝」を意味する「マタン」。パッションフルーツ&アプリコットのジュレと、パッションフルーツ&オレンジのクリームを組み込んだホワイトチョコのムースに、ヨーグルトのジュレとフレッシュのオレンジ、オレンジが香るガナッシュ・モンテを重ねてマカロン生地でサンドした。ビタミンカラーの鮮やかな黄色でさわやかな朝を表現。

❷
ほぼすべてのパーツにコーヒーを
使い、余韻をぐっと引き延ばす

いずれもコーヒーで風味づけしたジェノワーズとクレーム・ムースリーヌを交互に重ねて4層にし、その上にコーヒーのガナッシュ・モンテ、ごく薄く仕立てたチョコレートのプレート、コーヒーを合わせたクレーム・シャンティイを積み上げた、コーヒーづくしのシンプルなプチガトー。軽やかでいて適度に粘りのある食感のジェノワーズが、コーヒーの余韻をぐっと引き延ばす。

❸
バラと赤い果実の共演。
見た目も味わいも華やかに

華やかなビジュアルと味わいが魅力のプチガトー。ホワイトチョコレートで和えたフイヤンティーヌに、バラが香る赤い果実のムースを重ね、ナッツとフリーズドライのフランボワーズを混ぜ込んだイチゴ風味のホワイトチョコレートでコーティング。クレーム・シャンティイやバラの花びらなどで飾り付けた。センターには、ビスキュイでサンドした赤い果実のジュレとクリームが潜む。

CHAPTER

3

華麗なる
チョコレート・テクニック

チョコレートは人々を魅了する特別な力を秘めています。プチガトーにおいても定番の材料であり、多くの人になじみのある、いわゆる"チョコレート味"に仕立てて間口の広さをアピールしたり、リッチな味を追求してハレの日のニーズにこたえたりと、多様な表現が可能な点も魅力です。パティシエ10人の巧みな"チョコレート使い"に迫ります。

ASTERISQUE
［アステリスク］

アラビカ

オーナーシェフ
和泉光一さん

チョコレート×コーヒー

ヴァローナのブロンドチョコレートの「塩キャラメルのような風味」(和泉光一さん)を生かし、
"ブロンドチョコレートとコーヒーのハーモニー"をテーマに考案した1品。
味のイメージは「キャラメル・カフェ」。コーヒーとチョコレートのムース、チョコレートのクリーム、
チョコレートとヘーゼルナッツペーストで和えたフイヤンティーヌ、ヘーゼルナッツの
ビスキュイを層にした。「ミルクチョコレートやホワイトチョコレートは、ほかのフレーバーと
かけ合わせることが多く、その際、味のバランスをとるために2種類以上のチョコレートを
配合します」と和泉さん。ここでもブロンドとミルクの2種類を使い、理想の味を打ち出している。

〔 材料 〕 使用する型：60×40×高さ4cmのカードル（1台66個分）

▶ ヘーゼルナッツのビスキュイ
（60×40cmの天板2枚分・66個分）

バター…276g
粉糖…552g
全卵…1015g
ヘーゼルナッツパウダー…690g
卵白…219g
乾燥卵白…1.6g
グラニュー糖…138g

▶ コーヒーとチョコレートのムース
（約66個分）

コーヒーの抽出液…でき上がりより588g
├ コーヒー豆（アラビカ種）…70g
├ トンカ豆…2粒
└ 牛乳…694g
板ゼラチン…23.2g
ブロンドチョコレート
（ヴァローナ「ドゥルセ」／カカオ分35％）…1116g
生クリーム（乳脂肪分35％）…1201g

▶ チョコレートとヘーゼルナッツペーストで和えたフイヤンティーヌ
（約66個分）

ブロンドチョコレート
（ヴァローナ「ドゥルセ」／カカオ分35％）…297g
ヘーゼルナッツペースト…184g
フイヤンティーヌ…297g

▶ チョコレートのクリーム
（約66個分）

牛乳…531g
生クリーム（乳脂肪分35％）…531g
卵黄…212g
グラニュー糖…106g
板ゼラチン…12.3g
ブロンドチョコレート
（ヴァローナ「ドゥルセ」／カカオ分35％）…590g
ミルクチョコレート
（ヴァローナ「キャラメリア」／カカオ分36％）…196g

▶ 組立て・仕上げ

ナパージュ・ヌートル…適量
ピストレ用チョコレート（P.174）…適量
コーヒー豆…適量
飾り用チョコレート（細いプレート）…適量

① コーヒーとチョコレートのムース
② ヘーゼルナッツのビスキュイ
③ チョコレートのクリーム
④ チョコレートとヘーゼルナッツペーストで和えたフイヤンティーヌ

〔 つくり方 〕

ヘーゼルナッツのビスキュイ

下準備：バターは18℃程度に調整する／全卵は溶きほぐす

① フードプロセッサーに18℃程度に調整したバターと、少量の粉糖を入れて撹拌する（Ⓐ）。ある程度混ざったら残りの粉糖を入れ、全体がなじむまで撹拌する。写真（Ⓑ）は混ぜ終わり。
② 溶きほぐした全卵の半量を加え（Ⓒ）、再度撹拌する。ある程度なじんだら残りの全卵を加え、全体がなじむまで撹拌する。
③ ②をボウルに移し、ヘーゼルナッツパウダーを加えてなじむ程度に泡立て器で混ぜる（Ⓓ）。

［工程④以降は次頁↓］

④ ミキサーに卵白、乾燥卵白、グラニュー糖を入れ、写真(E)のように、すくうと角が立つ状態になるまでホイッパーで攪拌する。これを③のボウルに加え、全体が均一な状態になるまでゴムベラでさっくりと混ぜる(F)。

⑤ ④をオーブンシートを敷いた60×40cmの天板2枚に流し、パレットナイフで平らにならす(G)。上火・下火ともに170℃のデッキオーブンで約15分焼き、室温にしばらくおいて粗熱をとる。写真(H)は焼き上がり。

POINT
→ バターと粉糖は「泡立てるというよりは、ペーストにする感覚」(和泉さん)で混ぜ合わせる。

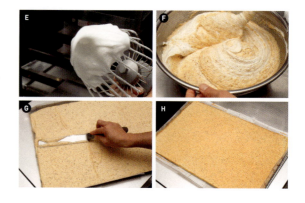

コーヒーとチョコレートのムース
下準備：板ゼラチンは冷水でもどす／生クリームは7分立てにして冷やす

① コーヒーの抽出液をつくる。コーヒー豆とトンカ豆を合わせてフードプロセッサーに入れ、粗めに挽く。

② 鍋に牛乳を入れて火にかけ、沸いたら火を止めて①を加え(A)、軽く混ぜる。ラップをかぶせてそのまま15分おき(B)、網で漉す。

③ ②を沸かし直し、もどした板ゼラチンを加えて混ぜ溶かす。

④ ボウルにブロンドチョコレートを用意し、③を加えて泡立て器で混ぜ溶かす(C)。ある程度混ざったらスティックミキサーに持ち替えて、つやが出て全体がしっかりとなじむまで攪拌する(D)。

⑤ ④のボウルの底に氷水をあて、ゴムベラで混ぜながら36℃になるまで冷ます(E)。7分立てにして冷やした生クリームを2回に分けて加え、そのつど混ぜる(F)。

⑥ 60×40cmのプラックに同サイズのコーヒー豆柄のシリコンパットを敷き、60×40×高さ4cmのカードルをはめる。⑤を少量流し、パレットナイフで隅々までのばす(G)。ショックフリーザーでいったん冷やし固める。残りの⑤を流し(H)、同様にのばして冷やし固める。

POINT
→ コーヒー豆とトンカ豆は使用する直前に挽いて香りを生かす。
→ コーヒー豆柄のシリコンパットを使って成形し、ユニークかつ菓子のコンセプトが伝わるデザインに仕上げる。
→ シリコンパットの柄をムースの表面にしっかりと定着させるため、ムースは一気に流さず、少量を流して型の隅々まで広げ、いったん冷やし固める。

チョコレートとヘーゼルナッツペーストで和えたフイヤンティーヌ

① ボウルにブロンドチョコレートを入れ、電子レンジにかけるなどして溶かし、40℃に調整する。
② ①にヘーゼルナッツペーストとフイヤンティーヌを順に加え、そのつどゴムベラで混ぜる（**A**&**B**）。

チョコレートのクリーム

下準備：板ゼラチンは冷水でもどす

① 鍋に牛乳と生クリームを入れて火にかけて沸かす。
② ボウルに卵黄を入れて泡立て器で溶きほぐし、グラニュー糖を加えてすり混ぜる（**A**）。①の少量を加え混ぜ、続けて残りの①を加え混ぜる（**B**）。これを①の鍋に戻して火にかけ、混ぜながら82℃になるまで加熱する。
③ ②を火からおろし、もどした板ゼラチンを加えて混ぜ溶かす。
④ ボウルにチョコレート2種類を入れ、③をそそいで泡立て器で混ぜ溶かす（**C**）。スティックミキサーに持ち替えて、つやが出てなめらかになるまで撹拌する（**D**）。

組立て・仕上げ

① コーヒーとチョコレートのムースを流したカードルにヘーゼルナッツのビスキュイ1枚を焼き面を下にして重ね、オーブンシートをはがす（**A**）。肉たたきで軽く押さえて平らにならす（**B**）。冷凍庫で冷やし固める。
② ①にチョコレートのクリームを流し、チョコレートとヘーゼルナッツペーストで和えたフイヤンティーヌをちらす（**C**）。
③ ②にヘーゼルナッツのビスキュイ1枚を焼き面を下にして重ね、オーブンシートをはがす（**D**）。オーブンシートやプラックなどを重ねて押さえ、平らにならす。冷凍庫で冷やし固める。
④ ③をひっくり返してプラックやシリコンパットなどをはずし、60×12cmに切り分ける。上面にナパージュ・ヌートルをエアブラシで吹き付け（**E**）、チョコレートをピストレがけする（**F**）。
⑤ 12×2.5cmに切り分け、コーヒー豆とチョコレートの細いプレートを飾る。

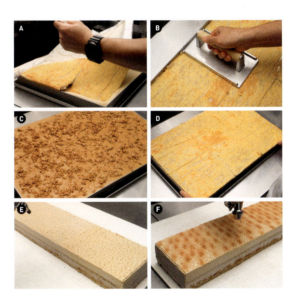

Pâtisserie Etienne
［パティスリー エチエンヌ］

シリアス

オーナーシェフ
藤本智美さん

チョコレート×フランボワーズ×グリオットチェリー

「シンプルで食べやすいチョコレートケーキを」（藤本智美さん）と考案。
主役は、ゼラチンを使わずチョコレートの保形力でギリギリに固めた口溶けのよいムース。
土台のビスキュイも小麦粉は使わず、トップのガナッシュとともにやわらかな食感で統一した。
酸味も食べやすさを表現するポイントで、フランボワーズをジュレに、グリオットチェリーを
ムースに使って組み込み、2種類の甘ずっぱい味わいを時間差で感じるような構成に。
チョコレートは、ムースでは2種類をブレンドして理想の味を追求し、一方、ガナッシュでは
1種類に絞ってもち味をくっきりとアピール。甘さを抑えてカカオの風味をしっかりと打ち出した。

材料

使用する型：直径6×高さ3cmのセルクル

▸ **ビスキュイ・サン・ファリーヌ**
（つくりやすい分量・38×29cmのカードル1台分）

　グラニュー糖A…274g
　バター…146g
　アーモンドパウダー…346g
　全卵…548g
　卵白…118g
　グラニュー糖B…94g
　グリオットチェリー（冷凍）…408g

▸ **クルミのヌガー**
（つくりやすい分量）

　バター…120g
　水アメ…48g
　グラニュー糖…140g
　ペクチン…1.9g
　クルミ…225g

▸ **フランボワーズとトンカ豆のジュレ**
（20個分）

　フランボワーズピュレ…180g
　レモン果汁…16g
　トンカ豆…1g
　粉ゼラチン…2.2g
　水…11g

▸ **ガナッシュ・モンテ**
（約20個分）

　ダークチョコレート
　（森永商事「クレオール」／カカオ分60％）…100g
　生クリームA（乳脂肪分35％）…107g
　水アメ…12g
　スタボリン（転化糖）…12g
　生クリームB（乳脂肪分35％）…225g

▸ **チョコレートのムース**
（約20個分）

　ダークチョコレート
　（カカオバリー「オコア」／カカオ分70％）…160g
　ダークチョコレート
　（明治「アイボリーコースト」／カカオ分55％）…35g
　カカオマス…3g
　生クリーム（乳脂肪分35％）…500g
　グリオットチェリーピュレ…50g
　卵白…100g
　グラニュー糖…80g

▸ **組立て・仕上げ**

　ピストレ用チョコレート（P.174）…適量
　フランボワーズ…適量
　グリオットチェリーのキルシュ漬け…適量
　飾り用チョコレート
　（プレート／ダーク、ミルク／ P.175）…適量

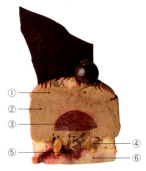

① ガナッシュ・モンテ
② チョコレートのムース
③ フランボワーズとトンカ豆のジュレ
④ クルミのヌガー
⑤ グリオットチェリー
⑥ ビスキュイ・サン・ファリーヌ

つくり方

ビスキュイ・サン・ファリーヌ

下準備：バターは溶かす／グリオットチェリーは半割りにする

① ボウルにグラニュー糖Aと溶かしたバターを入れて混ぜ合わせ、アーモンドパウダーと全卵を加えて全体がなじむまで混ぜる。
② 別のボウルに卵白とグラニュー糖Bを入れて8分立てにし、①と混ぜ合わせる。
③ オーブンシートを敷いた天板に38×29cmのカードルを置き、②を流して平らにならし、半割りにしたグリオットチェリーをちらす。170℃のコンベクションオーブンで約25分焼き、室温にしばらくおいて粗熱をとる。写真 **Ⓐ** は焼き上がり。

Ⓐ

クルミのヌガー

下準備：グラニュー糖とペクチンは混ぜ合わせる／クルミは5mm角に切る

① 鍋にバターと水アメを入れて火にかけ、沸いたら合わせたグラニュー糖とペクチンを加え混ぜる。

② ①に5mm角に切ったクルミを加え混ぜ、シルパットを敷いた天板に移して広げる。150℃のコンベクションオーブンで約20分焼く。

～～～～～～～～～～～～～～～～～～～～～～～～～～～～～～～～～～～～～～～

フランボワーズとトンカ豆のジュレ

下準備：トンカ豆はすりおろす／粉ゼラチンは分量の水と合わせてふやかす

① ボウルにフランボワーズピュレ、レモン果汁、すりおろしたトンカ豆、ふやかした粉ゼラチンを入れて混ぜ合わせ、ある程度なじんだらスティックミキサーに持ち替えてしっかりと撹拌する。

② ①を絞り袋に入れて直径3cmの半球形のフレキシパンに流し、冷凍庫で冷やし固める。写真（Ⓐ）は冷やし固めたもの。

～～～～～～～～～～～～～～～～～～～～～～～～～～～～～～～～～～～～～～～

ガナッシュ・モンテ

① ボウルにダークチョコレートを入れ、湯煎にして40～45℃になるまで温めて溶かす（Ⓐ）。

② 鍋に生クリームA、水アメ、スタボリンを入れて火にかけ、沸騰させる（Ⓑ）。

③ ②の半量を①に加え、泡立て器で混ぜる。全体がなじんだら残りの②を加え、スティックミキサーに持ち替えて、写真（Ⓒ）のようにしっかりと乳化してつやが出るまで撹拌する。生クリームBを加えて撹拌し（Ⓓ）、冷蔵庫に1日程度おく。

～～～～～～～～～～～～～～～～～～～～～～～～～～～～～～～～～～～～～～～

チョコレートのムース

① ボウルにダークチョコレート2種類とカカオマスを入れ、湯煎にして40～45℃になるまで温めて溶かす。

② 別のボウルに生クリームを入れて泡立て器で6分立てにし、グリオットチェリーピュレを加えてゴムベラで混ぜる。写真（Ⓐ）は混ぜ終わり。

③ ミキサーボウルに卵白とグラニュー糖を入れ、湯煎にして泡立て器で混ぜながら70℃になるまで温める（Ⓑ）。ミキサーにセットしてホイッパーで撹拌し、50℃になったら撹拌を止める。

④ ②に①と③を順に加え、そのつどゴムベラで混ぜ合わせる（Ⓒ＆Ⓓ）。

POINT

→ ③のメレンゲの温度が50℃になったら工程④に進むのが、口溶けのよいムースに仕上げるコツ。工程④の作業は、「生クリームと温めたメレンゲの水分を、チョコレートで吸収するようなイメージ」（藤本さん）。メレンゲのふわふわ感を生かすため、手ばやく作業すること。

組立て・仕上げ

① 直径6×高さ3cmのセルクルの内側側面に、高さ5cmの硬質ムースフィルムを巻く。
② ビスキュイ・サン・ファリーヌを直径6cmの円形に型ぬきし（Ⓐ）、①のセルクルに入れる（Ⓑ）。その上に、クルミのヌガーを2cm角程度の大きさに手でちぎってのせる（Ⓒ）。
③ チョコレートのムースを丸口金を付けた絞り袋に入れ、②にフィルムの8分目の高さまで絞る。絞ったチョコレートのムースをスプーンの背でフィルムの縁までのばしてすり鉢状にする（Ⓓ）。
④ フランボワーズとトンカ豆のジュレを平らな面を下にして③の中央にのせ、軽く押し込む（Ⓔ）。チョコレートのムースをフィルムの縁いっぱいまで絞り、パレットナイフで表面を平らにならす（Ⓕ）。冷凍庫で冷やし固める。
⑤ ガナッシュ・モンテをふたたびなめらかな状態になるまで泡立て器で混ぜる。写真（Ⓖ）は混ぜ終わり。バラ口金を付けた絞り袋に入れる。
⑥ ④のセルクルをはずしてフィルムをはがし、上面に中心から外側に向かって渦巻き状に⑤を絞る（Ⓗ）。冷凍庫で冷やし固める。
⑦ ⑥にチョコレートをピストレがけし（Ⓘ）、粉糖（分量外）をふったフランボワーズ、グリオットチェリーのキルシュ漬け、2種類のチョコレートのプレート（ダークとミルク）を飾る（Ⓙ）。

POINT
→ ガナッシュ・モンテは泡立て器で混ぜて、なめらかな状態にしてから使用する。混ぜ終わりの目安は、「メレンゲでいう7分立て程度」（藤本さん）。

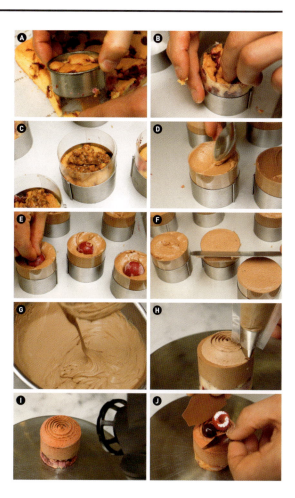

Pâtisserie Chocolaterie
Chant d'Oiseau

［パティスリー ショコラトリー シャンドワゾー］

ロワイヤル

オーナーシェフ
村山太一さん

チョコレート×紅茶

「チョコレートと紅茶の組合せは、紅茶の印象が弱くなりがち」と村山太一さん。
そこで、主となるパーツのすべてにアッサムの茶葉を混ぜたり、アンフュゼした乳製品を
使ったりして、紅茶の香りを強調。ガナッシュはミルクチョコレートをメインとしたのも、
「ダークよりもミルクのほうが紅茶が引き立つ」（村山さん）ためだ。
また、ガナッシュの甘さを考慮し、センターのクレーム・ブリュレの層を厚めにして、
全体の味わいとしてはほどよい甘さに着地させた。「ひたすらなめらかでクリーミー」
というのもコンセプトの一つ。ガナッシュの乳化がそのカギだ。

材料

使用する型：直径7×高さ3cmのセルクル

▸紅茶のビスキュイ・サン・ファリーヌ
（つくりやすい分量・60×40cmの天板1枚分）

　紅茶の茶葉（アッサム）…10g
　コーンスターチ…80g
　卵白…200g
　グラニュー糖…125g
　加糖卵黄（20％加糖）…200g

▸紅茶のガナッシュ
（約50個分）

　ミルクチョコレート
　（フリューベル「マラカイボ」／カカオ分34％）…1100g
　ダークチョコレート
　（ルカカオ「マランタ」／カカオ分61％）…90g
　生クリーム（乳脂肪分36％）…1848g
　トレモリン（転化糖）…95g
　紅茶の茶葉（アッサム）…51g
　板ゼラチン…6g

▸紅茶のクレーム・ブリュレ
（約75個分）

　生クリーム（乳脂肪分36％）…2102g
　紅茶の茶葉（アッサム）…55g
　加糖卵黄（20％加糖）…319g
　グラニュー糖…150g
　トレハロース…60g

▸紅茶のグラサージュ
（つくりやすい分量）

　牛乳A…950g
　紅茶の茶葉（アッサム）…25g
　グラニュー糖…250g
　トレハロース…100g
　牛乳B…50g
　コーンスターチ…40g
　板ゼラチン…11g

▸組立て・仕上げ

　ローストしたアーモンド（皮なし）…適量
　ローストしたアーモンド（皮付き）…適量
　ローストしたヘーゼルナッツ（皮なし）…適量
　飾り用チョコレート（リング形）…適量
　金箔…適量

① 紅茶のグラサージュ
② 紅茶のガナッシュ
③ 紅茶のクレーム・ブリュレ
④ 紅茶のビスキュイ・サン・ファリーヌ

つくり方

紅茶のビスキュイ・サン・ファリーヌ

① 紅茶の茶葉はフードプロセッサーで粉砕し、コーンスターチと合わせてふるう。
② ミキサーボウルに卵白とグラニュー糖を入れ、ホイッパーで高速で撹拌してしっかりと泡立てる。写真（Ⓐ）は混ぜ終わり。
③ ②に加糖卵黄を加えてゴムベラでさっくりと混ぜ（Ⓑ）、①を加えて全体がなじむまで混ぜる。写真（Ⓒ）は混ぜ終わり。
④ ③をオーブンシートを敷いた60×40cmの天板に流し、パレットナイフで平らにならす（Ⓓ）。上火170℃・下火160℃のデッキオーブンで約13分焼き、ダンパーを開けてさらに約3分焼く。室温にしばらくおいて粗熱をとる。

POINT
→ ふわっとした口あたりの生地に仕上げるため、混ぜすぎないように注意。

紅茶のガナッシュ

下準備：板ゼラチンは冷水でもどす

① ボウルにミルクチョコレートとダークチョコレートを入れ、湯煎にして溶かす。
② 鍋に生クリームとトレモリンを入れて火にかける。沸騰したら火を止めて紅茶の茶葉を加え、軽く混ぜてラップをかぶせ、そのまま5分おく（Ⓐ＆Ⓑ）。表面に茶葉が浮くのでふたたび混ぜ、ラップを密着させてさらに10分おいて紅茶の風味をしっかりと抽出する。
③ ②を網で漉してボウルに入れ（Ⓒ）、もどした板ゼラチンを加えて泡立て器で混ぜ溶かす。
④ ①に③を少量加え、泡立て器で混ぜる（Ⓓ）。全体がなじんだらふたたび③を少量加え混ぜる。混ぜ続けると、「次第に分離し、水っぽく、またチョコレートはザラッとしたテクスチャー（Ⓔ）になる」（村山さん）。
⑤ さらに混ぜる。「分離後、乳化がはじまって全体が重くなり、なめらかな状態になる（Ⓕ）」（同）。
⑥ 残りの③を数回に分けて加え混ぜる。底に氷水をあてて、ゴムベラで混ぜながら20～25℃まで冷ます（Ⓖ）。
⑦ スティックミキサーで撹拌する（Ⓗ）。これにより、全体につやが出て、よりなめらかになる。適度な固さにするために、ラップをかぶせて30℃以下になるまで室温におく。

POINT
→ 茶葉は火を止めてから入れ、計15分おいて生クリームに香りをしっかりと移す。
→ ガナッシュは、いったん分離させ、その後、全体を充分に乳化させることが大切。仕上げはスティックミキサーで。

~~~~~~

紅茶のクレーム・ブリュレ

① 鍋に生クリームを入れて火にかけ、沸騰したら火を止めて紅茶の茶葉を入れ、紅茶のガナッシュの工程②の要領で紅茶の風味を抽出する。網で漉してボウルに移す。
② 別のボウルに加糖卵黄、グラニュー糖、トレハロースを入れて泡立て器ですり混ぜる（Ⓐ）。
③ ②に①を数回に分けて加え混ぜる（Ⓑ＆Ⓒ）。このとき、最初は泡立て器で混ぜ、ある程度なじんだらゴムベラに持ち替えて混ぜる。
④ 口径6×高さ3.5cmのフレキシパンに、③をデポジッターで35gずつ流す（Ⓓ）。
⑤ 110℃のコンベクションオーブンでスチームを入れて約11分焼く。ショックフリーザーで冷やし固める。

紅茶のグラサージュ

下準備：板ゼラチンは冷水でもどす

① 鍋に牛乳Aを入れて火にかけ、沸騰したら火を止めて紅茶の茶葉を入れ、紅茶のガナッシュの工程②の要領で紅茶の風味を抽出する。網で漉してボウルに移し、グラニュー糖とトレハロースを混ぜ合わせる。
② 別のボウルに牛乳Bを入れ、コーンスターチを加えて泡立て器で混ぜ溶かし（**A**）、①を少量加え混ぜる（**B**）。これを①のボウルに戻して混ぜ合わせる。
③ ②を鍋に移し、もどした板ゼラチンを加える（**C**）。火にかけて泡立て器で混ぜながら加熱し、沸騰したら網で漉す（**D**）。ラップを密着させて冷蔵庫に1晩おく。

POINT
→ グラサージュにも紅茶の香りをプラスし、紅茶の印象を強調する。

~~~~~~

組立て・仕上げ

下準備：ローストしたアーモンド（皮なし）は細かくくだく

① 紅茶のビスキュイ・サン・ファリーヌののった天板に直径7×高さ3cmのセルクルをのせ、手のひらで押して生地をくりぬく（**A**）。くりぬいたビスキュイは、セルクルの中に入れたままにしておく。
② ①のセルクルの中に、紅茶のガナッシュをビスキュイから5mm程度の高さまでデポジッターで流す（**B**）。
③ 紅茶のクレーム・ブリュレを②の中央にのせる（**C**）。紅茶のクレーム・ブリュレが隠れる程度に紅茶のガナッシュをデポジッターで流し、表面に浮いた気泡をバーナーであぶって消し取る（**D**）。冷凍庫に移し、冷やし固める。
④ 鍋に紅茶のグラサージュを適量入れ、火にかけてふたたび加熱し、とろりとした状態になったら火からおろす。スティックミキサーで撹拌し、なめらかでつややかな状態にする。
⑤ ③のセルクルをはずし、網を重ねたプラックにのせる。上から④をかけ（**E**）、パレットナイフで余分な④を落とす（**F**）。
⑥ 細かくくだいたローストしたアーモンド（皮なし）を側面下部にぐるりと貼り付け（**G**）、ローストしたアーモンド（皮付き）とヘーゼルナッツを粗く切って上面にのせる。リング形のチョコレートと金箔を飾る（**H**）。

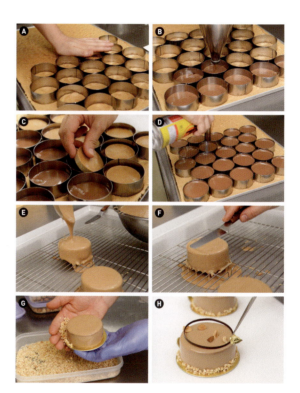

Les Temps Plus
[レタンプリュス]

フォレ・ノワール

オーナーシェフ
熊谷治久さん

チョコレート × キルシュ × グリオットチェリー

「アマレーナチェリーのような力強さのあるフルーティーな香り」(熊谷治久さん)をもつキルシュに出合い、
チェリーの風味をとことん強調したフォレ・ノワールを考案。
57×37×高さ4.1cmのカードルで仕込むが、ガルニチュールに用いるチェリーのシロップ漬けは
なんと1kgとたっぷり。キルシュとチェリーピュレを配合したアンビバージュも
ビスキュイが吸収できるギリギリまでぬる。ムースは、チェリーの風味との相性を考慮し、
「ベリー系の酸味を感じる」というヴァローナ「マンジャリ」(カカオ分64%)をベースに使用。
そこに同「カライブ」(カカオ分66%)をブレンドしてカカオ感を補強した。

(材料) 使用する型：57×37×高さ4.1cmのカードル（1台84個分）

▶ グリオットチェリーのシロップ漬け
（つくりやすい分量・カードル1台1000g使用）

シロップ（ボーメ30度）…適量
キルシュ（ネプチューン）…シロップと同量
グリオットチェリー（冷凍）…適量

▶ チョコレートのビスキュイ・サン・ファリーヌ
（60×40cmの天板3枚分・84個分）

パート・ダマンド・クリュ（P.175）…645g
粉糖…255g
全卵…210g
卵黄…130g
卵白…585g
グラニュー糖…195g
カカオパウダー…100g
バター…255g

▶ チョコレートとヘーゼルナッツのムース
（84個分）

牛乳…1130g
トレモリン（転化糖）…85g
板ゼラチン…21g
ダークチョコレート
（ヴァローナ「マンジャリ」／カカオ分64％）…760g
ダークチョコレート
（ヴァローナ「カライブ」／カカオ分66％）…760g
ヘーゼルナッツのプラリネペースト（ヴェイス）…190g
生クリーム（乳脂肪分35％）…1960g

▶ アンビバージュ
（約84個分）

シロップ（ボーメ30度）…600g
キルシュ（ネプチューン）…150g
グリオットチェリーピュレ…450g

▶ チョコレートのグラサージュ
（つくりやすい分量）

水…225g
グラニュー糖…900g
生クリーム（乳脂肪分35％）…663g
水アメ…82g
トレモリン（転化糖）…100g
板ゼラチン…35g
カカオパウダー…250g

▶ 組立て・仕上げ

飾り用チョコレート（プレート）…適量
金粉…適量

① チョコレートのグラサージュ
② チョコレートのビスキュイ・サン・ファリーヌ
③ チョコレートとヘーゼルナッツのムース
④ グリオットチェリーのシロップ漬け

(つくり方)

グリオットチェリーのシロップ漬け

① ボウルにシロップとキルシュを入れて混ぜ合わせ、グリオットチェリーを加えて冷蔵庫に1晩おく。汁けをきって使用する。写真（Ⓐ）は1晩おいて汁けをきった状態。

チョコレートのビスキュイ・サン・ファリーヌ

下準備：全卵と卵黄は合わせて溶きほぐす／バターは溶かす

① ミキサーボウルにパート・ダマンド・クリュと粉糖を入れ、合わせて溶きほぐした全卵と卵黄を少量ずつ加えながらビーターで低速～中速で撹拌する（**A**）。全卵と卵黄はボウルの中が白っぽくなったら、そのつど継ぎ足す。写真（**B**）は混ぜ終わり。

② ①の作業と並行して、別のミキサーボウルに卵白を入れ、グラニュー糖を2回に分けて加えながらホイッパーで撹拌する。写真（**C**）のように、すくうとすぐにたれるくらいの固さに仕上げる。

③ ①にカカオパウダーをのせ、そこに②を3～4回に分けて加え、そのつど手でしっかりと混ぜる（**D**）。さらに溶かしたバターを加え混ぜる。写真（**E**）は混ぜ終わり。

④ オーブンシートを敷いた60×40cmの天板3枚に③を760gずつ流し、パレットナイフで平らにならす（**F**）。210℃のコンベクションオーブンで約15分焼く。室温にしばらくおいて粗熱をとる。

POINT
→ カカオパウダーはメレンゲと一緒に混ぜ合わせる。カカオパウダーだけを加え混ぜると、固く締まった生地になってしまう。

チョコレートとヘーゼルナッツのムース

下準備：板ゼラチンは冷水でもどす／ダークチョコレート2種類は合わせて溶かす

① 鍋に牛乳とトレモリンを入れて火にかける。沸騰したら火を止め、もどした板ゼラチンを加えてゴムベラで混ぜ溶かす（**A**）。

② ボウルに合わせて溶かした2種類のダークチョコレートを用意し、①を少量加えてゴムベラで混ぜ合わせる（**B**）。途中からスティックミキサーに持ち替えて混ぜ、しっかりと分離させる。写真（**C**）は分離した状態。

③ ②に①の半量強を数回に分けて加え、スティックミキサーで撹拌してしっかりと乳化させる。写真（**D**）は乳化した状態。その後、残りの①を加え混ぜる。

④ ヘーゼルナッツのプラリネペーストを加え混ぜ（**E**）、底に氷水をあててゴムベラでときどき混ぜながら35℃に調整する（**F**）。

⑤ 生クリームをホイップマシンでホイップし、④に加えて泡立て器で混ぜ合わせる（**G**）。写真（**H**）は混ぜ終わり。

POINT
→ ダークチョコレートと合わせる際は、まず①を少量加え混ぜていったん分離させ、その後、①の半量強を数回に分けて加え混ぜる段階でしっかりと乳化させること。それによってムースの仕上がりが、なめらかで均一な状態になる。

アンビバージュ

① ボウルにすべての材料を入れて混ぜ合わせる。写真（**A**）は混ぜ終わり。

POINT
→ みずみずしい口あたりの仕上がりをめざし、組立ての際に大量のアンビバージュを使用するため、アンビバージュは充分な量を用意すること。

～～～～～～～～～～～～～～～～～～～～～～～～～～～～～～～～～～～～

チョコレートのグラサージュ

下準備：板ゼラチンは冷水でもどす

① 鍋に水とグラニュー糖を入れて火にかけ、混ぜながら120℃になるまで加熱する。
② 別の鍋に生クリームと水アメ、トレモリンを入れて火にかけ、沸騰したら火を止め、もどした板ゼラチンを加えて混ぜ溶かす。
③ ②に①を加え混ぜ、それをカカオパウダーを入れたボウルに移し、混ぜ合わせる。使用する前にスティックミキサーで撹拌し、なめらかな状態にする（**A**）。

～～～～～～～～～～～～～～～～～～～～～～～～～～～～～～～～～～～～

組立て・仕上げ

① チョコレートのビスキュイ・サン・ファリーヌ3枚をそれぞれ57×37×高さ4.1cmのカードルでぬく。そのうちの1枚を、プラックに置いた同様のカードルに焼き面を下にして入れ、アンビバージュを刷毛でたっぷりとぬる（**A**）。
② ①にチョコレートとヘーゼルナッツのムースの1/4量弱を流し、パレットナイフで平らにならす。
③ グリオットチェリーのシロップ漬け500gをまんべんなくちらす（**B**）。
④ ③にチョコレートとヘーゼルナッツのムースの1/4量弱を流し、パレットナイフでのばして平らにならす（**C**）。①のビスキュイ1枚を焼き面を下にして重ね、板などを重ねて押して密着させる（**D**）。
⑤ アンビバージュを刷毛でたっぷりとぬり（**E**）、ビスキュイにしみ込むまでそのまま␣しばらくおく。チョコレートとヘーゼルナッツのムースの1/4量弱を流し、パレットナイフでのばして平らにならす。グリオットチェリーのシロップ漬け500gをまんべんなくちらす（**F**）。
⑥ チョコレートとヘーゼルナッツのムースの1/4量弱を流し、パレットナイフでのばして平らにならす。残りのビスキュイ1枚を焼き面を下にして重ね（**G**）、板などを重ねて押して密着させる。アンビバージュを刷毛でたっぷりとぬり（**H**）、ビスキュイにしみ込むまでそのまましばらくおく。
⑦ 残りのチョコレートとヘーゼルナッツのムースを流し、パレットナイフでのばして平らにならす（**I**）。ショックフリーザーで冷やし固める。
⑧ ⑦のカードルをはずし、37×8cmに切り分けて網を重ねたプラックに置く。チョコレートのグラサージュをかけ（**J**）、パレットナイフで平らにならして余分なグラサージュを落とす。両端を切り落とし、8×3cmに切り分ける。
⑨ チョコレートのプレートに金粉を吹き付け、⑧の2面に貼り付ける。グリオットチェリーのシロップ漬けを上面に飾る。

POINT
→ 工程⑤と⑥では、工程①のときよりもアンビバージュを多め（ビスキュイが吸う限界まで）にぬる。

OCTOBRE
[オクトーブル]

タルト キャラメル

オーナーシェフ
神田智興さん

ホワイトチョコレート × キャラメル

「パリの『ピエール・エルメ・パリ』で働いていたとき、タルト生地にムースをのせたモダンな
プチガトーに驚きました」と神田智興さん。そこに着想を得て開発した「タルト キャラメル」は、
パート・シュクレに、リンツ「ショコラ・ブラン」を使用したホワイトチョコレートのムースと
キャラメルのムースをのせ、キャラメルのグラサージュで軽い苦みをプラス。
パート・シュクレのサクサクとした食感と、2種類のムースのなめらかな口あたりの
コントラストが魅力だ。やさしい酸味のアプリコットジャムと
カリッとしたクルミのキャラメリゼもきかせ、味と食感にさらなる奥行を出した。

材料

使用する型：直径6×高さ3cmと直径7×高さ2cmのセルクル

▸ **ビスキュイ・ジョコンド**
(つくりやすい分量・60×40cmの天板4枚分)

アーモンドパウダー…350g
粉糖…300g
薄力粉…150g
全卵…450g
卵白…400g
グラニュー糖…250g
バター…100g

▸ **パート・シュクレ**
(約150個分)

バター…500g
粉糖…250g
塩…5g
全卵…200g
薄力粉…1000g
ベーキングパウダー…8g

▸ **ホワイトチョコレートのムース**
(70個分)

グラニュー糖…90g
水…50g
卵黄…180g
生クリームA（乳脂肪分35%）…135g
バニラビーンズ…1/2本
板ゼラチン…16g
ホワイトチョコレート
（リンツ「ショコラ・ブラン」）…160g
生クリームB（乳脂肪分35%）…635g

▸ **キャラメルのムース**
(70個分)

生クリームA（乳脂肪分35%）…250g
水アメ…100g
グラニュー糖…150g
バニラビーンズ…1/2本
板ゼラチン…12g
卵黄…145g
シロップ（ボーメ30度）…120g
生クリームB（乳脂肪分35%）…625g

▸ **キャラメルのグラサージュ**
(つくりやすい分量)

生クリーム（乳脂肪分35%）…345g
牛乳…55g
グラニュー糖…215g
ハチミツ…15g
板ゼラチン…6g
カカオバター…12g
塩…2つまみ

▸ **組立て・仕上げ**

ホワイトチョコレート
（リンツ「ショコラ・ブラン」）…適量
アプリコットジャム（P.175）…適量
クルミのキャラメリゼ（P.175）…適量
テンパリングしたチョコレート…適量
金箔…適量

① キャラメルのグラサージュ
② キャラメルのムース
③ ビスキュイ・ジョコンド
④ ホワイトチョコレートのムース
⑤ クルミのキャラメリゼ
⑥ アプリコットジャム
⑦ パート・シュクレ

つくり方

ビスキュイ・ジョコンド

下準備：アーモンドパウダー、粉糖、薄力粉は合わせてふるう／バターは溶かす

① ミキサーボウルに、合わせたアーモンドパウダー、粉糖、薄力粉と、全卵を入れ、粉けがなくなるまでビーターで撹拌する。

② ①と並行して、別のミキサーボウルに卵白とグラニュー糖を入れ、すくうと角がピンと立つ程度にホイッパーで撹拌する。

③ ①に②と溶かしたバターを加え、全体がなじむまでビーターで撹拌する。オーブンシートを敷いた60×40cmの天板4枚に薄く流し、上火・下火ともに250℃のデッキオーブンで5〜8分焼く。室温にしばらくおいて粗熱をとり、直径5cmの円形に型ぬきする。

パート・シュクレ

下準備：バターはポマード状にする／薄力粉とベーキングパウダーは合わせてふるう

① ミキサーボウルにポマード状にしたバター、粉糖、塩を入れ、ビーターで低速で撹拌する。全体がなじんだら全卵を加え、高速でしっかりと撹拌する。写真（**Ⓐ**）は混ぜ終わり。
② 合わせた薄力粉とベーキングパウダーを加え、ゴムベラでさっくりと混ぜる。写真（**Ⓑ**）のように粉けがなくなったら、ひとまとめにしてラップで包み、冷蔵庫に1晩おく。
③ ②を作業台に置き、麺棒などで厚さ2mmにのばし、ピケする。これを直径10.5cmの円形に型ぬきする（**Ⓒ**）。
④ ③を直径7×高さ2cmのセルクルに敷き込み（**Ⓓ**）、冷蔵庫などで少し冷やして作業しやすい固さに調整する。余分な生地をパレットナイフで切り落とす（**Ⓔ**）。
⑤ ④にオーブンシートを敷き込み、重石代わりにアズキを詰め、170℃のコンベクションオーブンでダンパーを開けて約25分焼く。
⑥ 室温にしばらくおいて粗熱をとり、アズキ、オーブンシート、セルクルをはずす。上面の縁を網に押し付けてくるくるとまわし、縁を平らにととのえる（**Ⓕ**）。

~~~~~~

ホワイトチョコレートのムース

下準備：板ゼラチンは冷水でもどす／生クリームBは6〜7分立てにする

① 鍋にグラニュー糖と水を入れて火にかけ、117℃になるまで加熱する。
② ミキサーボウルに卵黄を入れてホイッパーで高速で撹拌し、白っぽくなってきたら①を加え、もったりするまでさらに撹拌する。写真（**Ⓐ**）は混ぜ終わり。
③ 鍋に生クリームAとバニラビーンズを入れて火にかける。沸いたら火を止め、もどした板ゼラチンを加えて混ぜ溶かす（**Ⓑ**）。
④ ③をボウルに移してバニラビーンズのサヤを取り除き、ホワイトチョコレートを加える（**Ⓒ**）。泡立て器で混ぜて完全に溶かす。
⑤ ④に②を加え、ゴムベラで混ぜてしっかりと乳化させながら40℃程度に調整する。
⑥ ⑤に6〜7分立てにした生クリームBを2〜3回に分けて加え、そのつどゴムベラで混ぜ合わせる（**Ⓓ**）。

キャラメルのムース

下準備：板ゼラチンは冷水でもどす／シロップは熱々の状態にする／生クリームBは6〜7分立てにする

① 鍋に生クリームAを入れて火にかけ、沸かす。
② 別の鍋に水アメ、グラニュー糖、バニラビーンズを入れて火にかけ、ときどき揺すりながら加熱する（**A**）。キャラメル色になり、気泡が細かくなったら火を止め、①を加える（**B**）。
③ ②にもどした板ゼラチンを加えて泡立て器で混ぜ溶かし、網で漉してボウルに移す（**C**）。
④ ミキサーボウルに卵黄を入れてホイッパーで高速で攪拌する。白っぽくなってきたら熱々のシロップを加え、もったりするまで攪拌する（**D**）。
⑤ ③に④を加えてゴムベラで混ぜ（**E**）、続けて6〜7分立てにした生クリームBを2〜3回に分けて加え、そのつど混ぜる（**F**）。

キャラメルのグラサージュ

下準備：板ゼラチンは冷水でもどす

① 鍋に生クリームと牛乳を入れて火にかけ、沸かす。
② 別の鍋にグラニュー糖とハチミツを入れて火にかけ、ときどき揺すりながら加熱する。キャラメル色になり、気泡が細かくなったら、火を止めて①を加える。
③ ②にもどした板ゼラチンを加えて泡立て器で混ぜ溶かし、カカオバターと塩を加え混ぜ、網で漉す。35℃前後に調整して使用する。

組立て・仕上げ

下準備：ホワイトチョコレートは溶かす／アプリコットジャムは包丁でたたいて実を細かくする

① パート・シュクレの内側に溶かしたホワイトチョコレートを指でぬり（**A**）、さらにアプリコットジャムを底が隠れる程度にスプーンでぬる（**B**）。
② クルミのキャラメリゼを粗くくだき、①に5〜6粒ずつのせる（**C**）。
③ ②にホワイトチョコレートのムースを縁いっぱいまで流し（**D**）、冷凍庫で冷やし固める。
④ プラックに直径6×高さ3cmのセルクルを並べ、キャラメルのムースを20gずつ流し（**E**）、ビスキュイ・ジョコンドを焼き面を下にしてのせる（**F**）。冷凍庫で冷やし固める。
⑤ ④のセルクルをはずし、ビスキュイの面を下にして網を重ねたプラックにのせ、35℃前後に調整したキャラメルのグラサージュをかける（**G**）。これを③に重ねる。
⑥ テンパリングしたチョコレートをしずくのような形にパレットナイフで薄くのばし（**H**）、金箔とともに飾る。

POINT
→ パート・シュクレは、湿気るのを防ぐために内側にホワイトチョコレートをぬる。
→ キャラメルのグラサージュは固まりやすいので、35℃前後に調整しておく。
→ 仕上げに飾るチョコレート細工は、テンパリングしたチョコレートをパレットナイフの先端を使ってゆっくりとのばし、厚みにメリハリをつける。

Pâtisserie
TRÈS CALME
［パティスリー トレカルム］

エベーヌ

オーナーシェフ
木村忠彦さん

チョコレート×コショウ

ボンボン・ショコラをプチガトーで再構築。ダークチョコレートの濃厚なガナッシュと、
バニラと黒コショウが香る、とろりとしたダークチョコレートのクリームがからみ合い、
薄いフイヤンティーヌの食感がアクセントを添える。ボンボン・ショコラの
コーティングをイメージしたグラサージュと、土台のビスキュイを含め、
すべてのパーツにヴァローナ「P125 クール・ド・グアナラ」（カカオ分80％）を使って
カカオ感を強くアピール。濃厚な味わいを打ち出しつつ、仕上げに華やかな香りの
黒コショウと、さわやかな辛みの緑コショウをふり、味わいにキレをプラスした。

材料

使用する型：直径6.5×高さ2cmのセルクル

▶ **チョコレートのビスキュイ**
（つくりやすい分量・60×40cmの天板2枚分）

卵白…250g
グラニュー糖…100g
ダークチョコレート（ヴァローナ「P125 クール・ド・グアナラ」／カカオ分80%）…100g
ダークチョコレート（ヴァローナ「エクストラ・ビター」／カカオ分61%）…75g
バター…160g
卵黄…100g
粉糖…75g
アーモンドパウダー…50g
強力粉…25g

▶ **チョコレートのクリーム**
（約40個分）

生クリーム（乳脂肪分35%）…600g
牛乳…100g
バニラビーンズ…1本
黒コショウ（ホール）…2.5g
卵黄…100g
グラニュー糖…40g
ダークチョコレート（ヴァローナ「エクストラ・ビター」／カカオ分61%）…300g
ダークチョコレート（ヴァローナ「P125 クール・ド・グアナラ」／カカオ分80%）…180g

▶ **チョコレートで和えたフイヤンティーヌ**
（40個分）

ミルクチョコレート（ヴァローナ「バイベ・ラクテ」／カカオ分46%）…200g
ダークチョコレート（ヴァローナ「P125 クール・ド・グアナラ」／カカオ分80%）…65g
ヘーゼルナッツのプラリネ（ヴァローナ）…90g
フイヤンティーヌ…300g

▶ **ガナッシュ**
（40個分）

生クリーム（乳脂肪分35%）…950g
水アメ…50g
バニラビーンズ…2本
ダークチョコレート（ヴァローナ「グアナラ」／カカオ分70%）…500g
ダークチョコレート（ヴァローナ「P125 クール・ド・グアナラ」／カカオ分80%）…100g
ミルクチョコレート（ヴァローナ「バイベ・ラクテ」／カカオ分46%）…100g

▶ **チョコレートのグラサージュ**
（つくりやすい分量）

生クリーム（乳脂肪分35%）…300g
牛乳…200g
ナパージュ・ヌートル…400g
ダークチョコレート（ヴァローナ「エクストラ・ビター」／カカオ分61%）…200g
ダークチョコレート（ヴァローナ「P125 クール・ド・グアナラ」／カカオ分80%）…100g

▶ **組立て・仕上げ**

黒コショウ*…適量
緑コショウ…黒コショウの1/10量
ブラックベリー…40個
飾り用ダークチョコレート（プレート）…適量
金箔…適量

*カンボジア産の完熟のもの

① 黒コショウ&緑コショウ
② チョコレートのグラサージュ
③ ガナッシュ
④ チョコレートのクリーム
⑤ チョコレートで和えたフイヤンティーヌ
⑥ チョコレートのビスキュイ

つくり方

チョコレートのビスキュイ

下準備：卵黄は室温にもどす／粉糖、アーモンドパウダー、強力粉は合わせてふるう

① ミキサーボウルに卵白を入れてホイッパーで高速で撹拌し、グラニュー糖の1/3量を加えて撹拌する。全体にボリュームが出たら残りのグラニュー糖の半量を加えて撹拌する。全体が混ざったら残りのグラニュー糖を加え、写真（Ⓐ）のように、完全に泡立つ一歩手前のふわっとした状態になるまで撹拌する。

［工程②以降は次頁↓］

② ボウルにダークチョコレート2種類とバターを入れ、湯煎にして45℃弱に温めて溶かす。卵黄を加え、泡立て器でよく混ぜる。
③ ②に、合わせた粉糖、アーモンドパウダー、強力粉を加え混ぜる。この段階では写真（**B**）のように分離した状態でOK。
④ ③に①をゴムベラでひとすくい程度加え、泡立て器で混ぜる。これをあと2回くり返す（**C**）。残りの①をすべて加え混ぜ、ゴムベラに持ち替えてつやが出るまで混ぜる（**D**）。
⑤ オーブンシートを敷いた60×40cmの天板2枚に④を840gずつ流し、パレットナイフで軽く押さえながら広げ、平らにならす（**E**）。
⑥ 170℃のコンベクションオーブンで8〜10分焼く。途中で天板の前後を入れ替える。焼き上がったら室温にしばらくおいて粗熱をとり、オーブンシートをはがして直径6.5cmの円形に型ぬきする（**F**）。

POINT
→ 工程③では分離した状態でOK。次の工程④で「メレンゲを加えてつないでいくイメージ」（木村さん）。

→ 目の詰まったしっとりとした食感にするため、メレンゲを加えたら、空気を極力含ませず、気泡をつぶすイメージで混ぜる。でき上がった生地を天板に広げる際も、空気を抜くようにパレットナイフで生地を軽く押すようにして広げる。

チョコレートのクリーム
下準備：生クリームと牛乳は室温にもどして混ぜ合わせる

① 鍋に、合わせた生クリームと牛乳の半量、バニラビーンズ、黒コショウを入れ（**A**）、火にかけて沸騰させる。
② ボウルに卵黄とグラニュー糖を入れ、泡立て器ですり混ぜる。
③ ②に①を加えて泡立て器で混ぜ（**B**）、①の鍋に戻す。これを火にかけ、ゴムベラで混ぜながら82℃になるまで加熱する。
④ 高さのある容器にダークチョコレート2種類を入れ、③を網で漉して加える（**C**）。そのまま4〜5分おき、スティックミキサーで撹拌する（**D**）。
⑤ ④に残りの生クリームと牛乳を入れ、写真（**E**）のようにしっかりと乳化するまで撹拌を続ける。
⑥ ⑤をデポジッターに入れ、口径4.5×高さ1cmのフレキシパンに縁いっぱいまで流す（**F**）。ショックフリーザーで冷やし固める。

POINT
→ スティックミキサーで撹拌する際は、空気を極力含ませないようにするため、スティックミキサーをあまり動かさないように注意する。

チョコレートで和えたフイヤンティーヌ

① ボウルにチョコレート2種類とヘーゼルナッツのプラリネを入れ、湯煎にして45℃弱に温めて溶かす。フイヤンティーヌを加え、ゴムベラでさっくりと混ぜる（**A**）。
② フィルムを敷いたまな板に①をのせ、上にもフィルムをかぶせる。フイヤンティーヌをつぶすようにして上から麺棒を転がし、薄くのばす（**B**）。直径4.5cmの円形に型ぬきする。

ガナッシュ

① 鍋に生クリーム、水アメ、バニラビーンズを入れ、ラップをかけて冷蔵庫に1晩おく。
② ①の鍋を火にかけ、沸騰したら火を止めてふたをし、そのまま10分おく。
③ ボウルにチョコレート3種類を入れ、②を網で漉して加える（**A**）。泡立て器で混ぜ（**B**）、チョコレートが溶けて全体がなじんだらスティックミキサーに持ち替えて、つやが出るまで撹拌する（**C**）。

~~~~~~

チョコレートのグラサージュ

① 鍋に生クリーム、牛乳、ナパージュ・ヌートルを入れ（**A**）、火にかけて泡立て器で混ぜながら沸騰させる。
② ボウルにダークチョコレート2種類を入れ、①を加えてそのまま2〜3分おく。ゴムベラでざっと混ぜ、チョコレートが溶けたらスティックミキサーに持ち替えて全体がなじむまで撹拌する（**B**）。

~~~~~~

組立て・仕上げ

① フィルムを敷いたプラックに直径6.5×高さ2cmのセルクルを並べる。セルクルの約半分の高さまでガナッシュをデポジッターで入れる（**A**）。
② ①にチョコレートのクリームをのせ、指で押してガナッシュの高さまで沈める（**B**）。チョコレートで和えたフイヤンティーヌを重ね、指で押して密着させる（**C**）。さらに、チョコレートのビスキュイを焼き面を下にしてのせ、指で軽く押さえる（**D**）。ショックフリーザーで冷やし固める。
③ ボウルにチョコレートのグラサージュを適量入れ、電子レンジで35〜40℃に温める。ふたたびスティックミキサーで撹拌してなめらかな状態にする。
④ ②のセルクルをはずし、ビスキュイの面を下にして網を重ねたプラックにのせ、③をかける（**E**）。
⑤ コショウ2種類をミル（挽き目を変えられるタイプ）に入れ、粗挽き、細挽き、粗挽きの順に上面にたっぷりとふりかける（**F**）。
⑥ ブラックベリーをのせる。ダークチョコレートのプレートを立てかけ、プレートの角にチョコレートのグラサージュを少量付けて金箔を貼り付ける。

POINT
→「グラサージュもカカオ感を打ち出すパーツ」（木村さん）と考え、あえてパレットナイフで薄くならさず、厚めに仕上げる。

→ コショウの挽き目を変えることで、食感と風味に変化をつける。

Pâtisserie
Les années folles
［パティスリー レザネフォール］

ノワゼット・カフェ

オーナーシェフ
菊地賢一さん

チョコレート × コーヒー × ヘーゼルナッツ

ホワイトチョコレートのムースから香るコーヒーと、ビスキュイとプラリネに使う
ヘーゼルナッツの風味に、ミルクチョコレートのまろやかな味わいがからみ合う。
ビスキュイはローストしたヘーゼルナッツをちらして焼成し、プラリネはアーモンドも
加えてこうばしさを強調。ムースは、「なじみのある、コーヒーらしい味を演出できる」（菊地さん）という
インスタントコーヒー粉に、エスプレッソを混ぜて苦みを際立たせた。
コーヒー×ホワイトチョコレート、ヘーゼルナッツ×ミルクチョコレートの
2つのコンビネーションを重ね合わせ、甘み、苦み、こうばしさの調和を表現した。

材料

使用する型：32.5×8×高さ5cmのカードル（1台10個分）

▶ **ヘーゼルナッツのビスキュイ**
（60×40cmの天板約1/3枚分・約20個分）

ヘーゼルナッツ（皮付き）…50g
卵白…115g
グラニュー糖…38g
ヘーゼルナッツパウダー…105g
粉糖A…107g
薄力粉…4g
粉糖B…適量

▶ **ヘーゼルナッツのプラリネ**
（約20個分）

ヘーゼルナッツのプラリネ（バビ）…100g
アーモンドのプラリネ（ヴァローナ）…40g
ミルクチョコレート
（カカレア「ミルク」／カカオ分38%）…40g
バター…15g
フイヤンティーヌ…75g

▶ **ミルクチョコレートのガナッシュ**
（約20個分）

生クリーム（乳脂肪分35%）…112g
ミルクチョコレート
（ヴァローナ「ジヴァラ・ラクテ」／カカオ分40%）…135g
ブランデー…8g

▶ **ホワイトチョコレートのムース**
（約20個分）

生クリームA（乳脂肪分35%）…125g
牛乳…10g
加糖卵黄（20%加糖）…52g
グラニュー糖…32g
板ゼラチン…5g
インスタントコーヒー粉…5g
エスプレッソコーヒー液…20g
ホワイトチョコレート
（カカオバリー「バリーピストールゼフィール」）…108g
生クリームB（乳脂肪分35%）…375g

▶ **組立て・仕上げ**

ミルクチョコレート
（カカレア「ミルク」／カカオ分38%）…適量
ピストレ用ホワイトチョコレート（黄／P.175）…適量
ヘーゼルナッツのキャラメリゼ（P.175）…適量
飾り用チョコレート（プレート）…適量

①ホワイトチョコレートのムース
②ミルクチョコレートのガナッシュ
③ヘーゼルナッツのプラリネ
④ヘーゼルナッツのビスキュイ

つくり方

ヘーゼルナッツのビスキュイ

下準備：ヘーゼルナッツパウダー、粉糖A、薄力粉は合わせてふるう

① ヘーゼルナッツは、皮付きのまま160℃のコンベクションオーブンで約15分ローストする。粗熱をとって皮をざっと取り除き、粗くくだく（**A**）。
② ミキサーボウルに卵白を入れてホイッパーで高速で撹拌し、グラニュー糖を少しずつ加えて8分立てにする。写真（**B**）のように、すくうと角がピンと立つ状態になればOK。
③ 合わせたヘーゼルナッツパウダー、粉糖A、薄力粉を②に加え、ゴムベラでさっくりと混ぜる（**C**）。

［工程④以降は次頁↓］

④ オーブンシートを敷いた60×40cmの天板の約1/3のスペース（約40×20cm）に③を流し、パレットナイフで平らにならす。①をちらし、生地に埋めるようにしてパレットナイフで軽く押さえる（**D**）。
⑤ 粉糖Bを茶漉しで2回まんべなくふる（**E**&**F**）。190℃のコンベクションオーブンで約10分焼く。天板をひっくり返してオーブンシートを敷いた網にのせ、オーブンシートをはがして粗熱をとる。32.5×8cmのカードルで2枚にぬく（**G**）。

POINT
→ 生地の表面を粉糖でしっかりとおおって焼くことで、薄い砂糖の膜ができ、さっくりとした食感に仕上がる。

ヘーゼルナッツのプラリネ

① ボウルにヘーゼルナッツのプラリネ、アーモンドのプラリネ、ミルクチョコレート、バターを入れ、湯煎にしてゴムベラで混ぜ溶かす（**A**）。
② フイヤンティーヌを加え、さっくりと混ぜ合わせる（**B**）。

ミルクチョコレートのガナッシュ

① 鍋に生クリームを入れて火にかけ、沸騰させる。
② ミルクチョコレートをきざんでボウルに入れ、①を加えて泡立て器で混ぜる（**A**）。
③ ②にブランデーを加え（**B**）、中心から徐々に外側に向かって円を大きく描くようにして泡立て器で混ぜ（**C**）、しっかりと乳化させる。

POINT
→ 泡立て器で混ぜる際は、中心から徐々に外側に向かって円を描くようにして混ぜると均一に乳化しやすい。スティックミキサーを使用してもOK。

ホワイトチョコレートのムース

下準備：板ゼラチンは冷水でもどす／生クリームBは7分立てにする

① 鍋に生クリームAと牛乳を入れて火にかけ、沸騰させる。
② ボウルに加糖卵黄とグラニュー糖を入れて泡立て器ですり混ぜ、①の約1/3量を加え混ぜ（**A**）、①の鍋に戻す（**B**）。
③ ②を火にかけ、細かい気泡が表面をおおい、とろりとした質感になったら火を止め、もどした板ゼラチンを加えて混ぜ溶かす（**C**）。
④ ③にインスタントコーヒー粉とエスプレッソコーヒー液を加え混ぜる（**D**）。
⑤ ボウルにホワイトチョコレートを入れ、④を網で漉してそそぐ（**E**）。泡立て器で混ぜてしっかりと乳化させる。底に氷水をあてて19〜20℃になるまで混ぜながら冷やす（**F**）。
⑥ ⑤に7分立てにした生クリームBを加え、ゴムベラで混ぜる（**G**）。写真（**H**）は混ぜ終わり。

POINT
→ 工程⑤で冷やす際は、やわらかすぎず、固すぎない状態に仕上がるように調整する。

組立て・仕上げ

下準備：ミルクチョコレートはテンパリングする

① ヘーゼルナッツのビスキュイ1枚を焼き面を下にしてオーブンシートを敷いた作業台に置き、上面にテンパリングしたミルクチョコレートをパレットナイフで薄くぬる（**A**）。
② ①をミルクチョコレートをぬった面を上にして32.5×8×高さ5cmのカードルに入れ、ヘーゼルナッツのプラリネとミルクチョコレートのガナッシュを順に重ね、そのつどパレットナイフで平らにならす（**B** & **C**）。冷蔵庫で冷やし固める。
③ ②にホワイトチョコレートのムースをカードルの縁まで流し（**D**）、波状の型をかぶせる（**E**）。
④ もう1枚のビスキュイを使って工程①〜③の作業を行う。それぞれ冷蔵庫に1晩おいて冷やし固める。
⑤ カードルと波状の型をはずし、上面に黄色に着色したホワイトチョコレートをピストレがけする。8×3cmに切り分け、ヘーゼルナッツのキャラメリゼとチョコレートのプレートを飾る。

POINT
→ ビスキュイにミルクチョコレートをぬることで、「食感を豊かにするとともに、ミルクチョコレート感も強調する。板チョコレートを挟むイメージ」（菊地さん）。
→ パーツを組立てたら冷蔵庫で長時間冷やし固める。そうすることで、チョコレートのパーツが締まり、全体がしっかりとなじむ。

Pâtisserie & café
DEL'IMMO
［パティスリー & カフェ デリーモ］

カラメリア

シェフパティシエ
江口和明さん

チョコレート × アプリコット

ヴァローナ「キャラメリア」（カカオ分36％）を使ったムースの濃厚な風味に、
アプリコットとパッションフルーツのクリームや、バニラが香るアプリコットと
オレンジのコンポートの上品な酸味、フイヤンティーヌのこうばしさ、
ダックワーズのシナモンの香りが複雑にからみ合う。「酸味や多様な香りを合わせて、
キャラメリアのこくや風味を際立たせました。カカオバターの結晶温度を考え、
27～28℃にムースを仕込むのもポイント。この温度帯を守ると非常になめらかな
口あたりを保てます」と江口和明さん。ひと口で多彩な味と食感が楽しめる。

材料

使用する型：直径4.5×高さ5.5cmのセルクル

- ダックワーズ
  (つくりやすい分量・60×40cmの天板1枚分)

  卵白…625g
  乾燥卵白…20g
  グラニュー糖…200g
  アーモンドパウダー…375g
  ヘーゼルナッツパウダー…225g
  粉糖…475g
  薄力粉…20g
  シナモンパウダー…10g

- チョコレートで和えたフイヤンティーヌ
  (約70個分)

  ミルクチョコレート
  (ヴァローナ「ジヴァラ・ラクテ」/カカオ分40％)…100g
  ミルクチョコレート
  (ヴァローナ「エクアトリアール・ラクテ」/カカオ分35％)…51g
  ヘーゼルナッツペースト(カカオバリー)…347g
  フイヤンティーヌ…302g

- アプリコットとオレンジのコンポート
  (約80個分)

  アプリコット(冷凍)…500g
  パッションフルーツピュレ…50g
  バニラビーンズ…1本
  オレンジ果汁…200g
  グラニュー糖…60g
  ハチミツ(アカシア)…50g
  ペクチン…5g
  板ゼラチン…8g

- アプリコットとパッションフルーツのクリーム
  (約50個分)

  アプリコットピュレ…280g
  パッションフルーツピュレ…180g
  グラニュー糖…35g
  水…35g
  増粘剤(ソーサ「ジェルクレム コールド」)…28g

- キャラメリアのムース
  (約50個分)

  牛乳…500g
  加糖卵黄(20％加糖)…100g
  グラニュー糖…30g
  板ゼラチン…28g
  ミルクチョコレート
  (ヴァローナ「キャラメリア」/カカオ分36％)…1200g
  生クリーム(乳脂肪分38％)…1000g

- チョコレートとプラリネのグラサージュ
  (つくりやすい分量)

  生クリーム(乳脂肪分35％)…113g
  ミルクチョコレート
  (ヴァローナ「ジヴァラ・ラクテ」/カカオ分40％)…263g
  アーモンドのプラリネ(ヴァローナ)…95g
  水…83g
  ナパージュ・ヌートル…338g

- 組立て・仕上げ

  飾り用チョコレート(プレート)…適量
  飾り用チョコレート(棒形)…適量
  セミドライアプリコット…適量
  金箔…適量

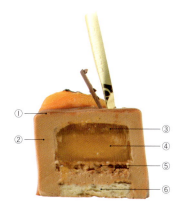

① チョコレートとプラリネのグラサージュ
② キャラメリアのムース
③ アプリコットとオレンジのコンポート
④ アプリコットとパッションフルーツのクリーム
⑤ チョコレートで和えたフイヤンティーヌ
⑥ ダックワーズ

つくり方

ダックワーズ

下準備：アーモンドパウダー、ヘーゼルナッツパウダー、粉糖、薄力粉、シナモンパウダーは合わせてふるう

① ミキサーボウルに卵白と乾燥卵白を入れてホイッパーで中速で撹拌し、グラニュー糖を少しずつ加え混ぜる。すくうと角がピンと立つ状態になったら混ぜ終わり。
② 合わせた粉類を加え、ゴムベラでさっくりと混ぜ合わせる。
③ オーブンシートを敷いた60×40cmの天板に②を流し、パレットナイフで表面を平らにならす。190℃のコンベクションオーブンで約15分焼く。ショックフリーザーで急冷する。

POINT
→ 焼成後、急冷することで乾燥を防ぐ。

チョコレートで和えたフイヤンティーヌ

① ボウルにミルクチョコレート2種類とヘーゼルナッツペーストを入れ、電子レンジで40℃になるまで加熱する。
② ①にフイヤンティーヌを加え、ゴムベラでさっくりと混ぜる（Ⓐ）。
③ ②をフィルム2枚で挟み、上から麺棒を転がして平らにならす。さらにパイシーターで厚さ3mmにのばし（Ⓑ）、冷凍庫で冷やす。

~~~~~~

アプリコットとオレンジのコンポート

下準備：板ゼラチンは冷水でもどす

① 鍋にペクチンと板ゼラチン以外の材料を入れて火にかけ、アプリコットが煮くずれるまで加熱する。ブリックス43％になったらペクチンを加え、沸騰させる。
② 火を止めてバニラビーンズのサヤを取り出し、もどした板ゼラチンを加えて混ぜ溶かす。バットに広げて冷ます。
③ ②を絞り袋に入れ、口径3.8×高さ3cmのフレキシパンに8gずつ絞る。冷凍庫で冷やし固める。

~~~~~~

アプリコットとパッションフルーツのクリーム

① ボウルにすべての材料を入れ、スティックミキサーで全体がなめらかになるまで撹拌する。
② ①を絞り袋に入れ、アプリコットとオレンジのコンポートを入れたフレキシパンに12gずつ絞る。冷凍庫で冷やし固める。

~~~~~~

キャラメリアのムース

下準備：板ゼラチンは冷水でもどす／生クリームは8分立てにして10〜12℃に調整する

① 鍋に牛乳を入れて火にかけ、沸騰直前まで加熱する。
② ボウルに加糖卵黄とグラニュー糖を入れて泡立て器ですり混ぜ、①を約1/3量加え混ぜる。これを①の鍋に戻し（Ⓐ）、ふたたび火にかける。
③ ②が83℃になったら火を止め、もどした板ゼラチンを加えてゴムベラで混ぜ溶かす（Ⓑ）。網で漉してボウルに移す。
④ 別のボウルにミルクチョコレートを入れ、電子レンジで40℃になるまで加熱する。③を少量加え、写真（Ⓒ）のように分離するまで泡立て器で混ぜる。
⑤ 残りの③を5〜6回に分けて加え、つやが出てなめらかな状態になるまでゴムベラでしっかりと混ぜながら、30〜31℃に調整する（Ⓓ）。
⑥ 8分立てにして10〜12℃に調整した生クリームを用意し、⑤の約1/3量を加えて泡立て器で混ぜる（Ⓔ）。これを⑤のボウルに戻し、ゴムベラで混ぜながら27〜28℃に調整する（Ⓕ）。

POINT
→ チョコレートを混ぜ合わせる際は、いったん分離させること。「分離させることで、よりしっかりとした乳化につながる」（江口さん）。

チョコレートとプラリネのグラサージュ

① 鍋に生クリームを入れて火にかけ、沸騰させる。

② ボウルにミルクチョコレートとアーモンドのプラリネを入れ、電子レンジにかけて溶かす。これに①と水を加え混ぜ、ナパージュ・ヌートルを加えてスティックミキサーで撹拌する。40〜45℃に調整して使用する。

~~~~~~

組立て・仕上げ

① チョコレートで和えたフイヤンティーヌを直径3.8cmの円形に型ぬきする(**A**)。中央に溶かしたミルクチョコレート(分量外)を少量ぬる。

② フルーツのコンポートとクリームを流したフレキシパンに、①をミルクチョコレートぬった面を下にして重ねる。冷凍庫で冷やし固める。写真(**B**)は冷凍後の状態。

③ ダックワーズを直径3.8cmの円形に型ぬきする(**C**)。

④ プラックに直径4.5×高さ5.5cmのセルクルを並べ、27〜28℃に調整したキャラメリアのムースを絞り袋に入れて7分目くらいの高さまで絞る(**D**)。

⑤ ④の中央に②をコンポートの面を下にしてのせ、指で押して見えなくなるまで沈める(**E**)。

⑥ ⑤の中央に③を焼き面を下にしてのせ、セルクルの高さと同じになるように指で押し込む(**F**)。フィルムをかぶせて平らにならし、冷蔵庫で冷やし固める。

⑦ ⑥のセルクルをはずし、上下を返して網を重ねたプラックにのせ、40〜45℃に調整したチョコレートとプラリネのグラサージュをかける(**G**)。パレットナイフで余分なグラサージュを落とす。

⑧ プレート状のチョコレートを上面中央にさす。セミドライアプリコットにバーナーで焦げ目をつけ、ナパージュ・ヌートルをぬって飾る(**H**)。2種類のチョコレート(プレートと棒形)と金箔を飾る。

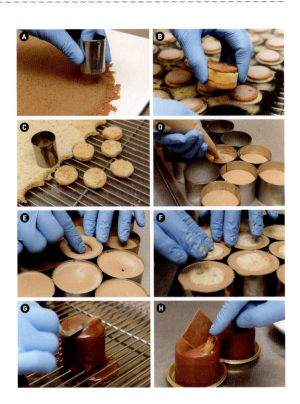

pâtisserie
accueil
［パティスリー アクイユ］

ポミエル

オーナーシェフ
川西康文さん

チョコレート × リンゴ × ハチミツ

「個人的にしっかりと焼き込んだお菓子も大好き」と話す川西康文さんがテーマにしたのは、タルト・タタン。そのフランスの定番菓子をチョコレートを使ったプチガトーに再構築した。ヴァローナの「ジヴァラ・ラクテ」（カカオ分40％）と「カライブ」（同66％）を2対1でブレンドし、オレンジの花のハチミツを加えたこくのあるムースの中は、キャラメリゼしたリンゴのソテー。土台のシュトロイゼルからはシナモンがふわりと香る。プラリネペーストとチョコレートを合わせたグラサージュのこくも相まって、秋にぴったりのこっくりとした味わいを打ち出している。

材料

使用する型：直径7×高さ1.5cmのセルクル

▸ **シナモンのシュトロイゼル**
（約80個分）

- バター…100g
- 粉糖…100g
- アーモンドパウダー…100g
- 薄力粉…90g
- シナモンパウダー…10g

▸ **チョコレートのビスキュイ・サン・ファリーヌ**
（約60個分）

- 卵白…220g
- グラニュー糖…200g
- 卵黄…156g
- カカオパウダー…65g

▸ **リンゴのソテー**
（つくりやすい分量）

- リンゴ（紅玉）…6個
- バター…適量
- グラニュー糖…約50g
- シナモンパウダー…2g
- ラム酒…適量

▸ **チョコレートとハチミツのムース**
（20個分）

- 生クリームA（乳脂肪分35％）…180g
- ハチミツ（オレンジの花）…40g
- 生クリームB（乳脂肪分35％）…120g
- ミルクチョコレート
（ヴァローナ「ジヴァラ・ラクテ」／カカオ分40％）…120g
- ダークチョコレート
（ヴァローナ「カライブ」／カカオ分66％）…60g

▸ **チョコレートとプラリネのグラサージュ**
（約20個分）

- 生クリーム（乳脂肪分35％）…250g
- ミルクチョコレート
（ヴァローナ「ジヴァラ・ラクテ」／カカオ分40％）…450g
- ヘーゼルナッツのプラリネペースト…150g
- ナパージュ・ヌートル…550g
- 水…150g

▸ **バニラのクレーム・シャンティイ**
（約20個分）

- 生クリーム（乳脂肪分40％）…400g
- グラニュー糖…40g
- クレーム・ドゥーブル…80g
- バニラシュガー…20g

▸ **組立て・仕上げ**

- カカオニブ…適量
- シナモンパウダー…適量

① バニラのクレーム・シャンティイ
② チョコレートとプラリネのグラサージュ
③ チョコレートとハチミツのムース
④ リンゴのソテー
⑤ チョコレートのビスキュイ・サン・ファリーヌ
⑥ シナモンのシュトロイゼル

つくり方

シナモンのシュトロイゼル

下準備：粉糖、アーモンドパウダー、薄力粉、シナモンパウダーは合わせてふるう

① バターを5mm角程度に切り、合わせた粉類とともにミキサーボウルに入れ、まとまるまで撹拌する。ラップで包み、冷蔵庫に1晩おく。
② ①を麺棒で厚さ2〜3mmにのばし、直径7cmの円形に型ぬきする。シルパットを敷いた天板に並べ、160℃のコンベクションオーブンで14〜15分焼く。室温において粗熱をとる。写真（Ⓐ）は焼成前、（Ⓑ）は焼成後。

チョコレートのビスキュイ・サン・ファリーヌ

① ミキサーボウルに卵白とグラニュー糖を入れ、ホイッパーで中速で撹拌する。途中から低速に切り替え、写真（**A**）のような6〜7分立てにする。
② ボウルに卵黄を入れて泡立て器で溶きほぐし、①の少量を加え混ぜる。残りの①とカカオパウダーを順に加え、そのつどゴムベラで混ぜる（**B**）。
③ 口径7mmの丸口金を付けた絞り袋に②を入れ、オーブンシートを敷いた天板に直径6cmほどの円形になるように渦巻き状に絞る（**C**）。
④ 185℃のコンベクションオーブンで6〜7分焼く。室温にしばらくおいて粗熱をとり、直径6cmの円形に型ぬきする（**D**）。

リンゴのソテー

① リンゴは皮をむいて芯をくりぬき、くし形に12等分に切る（**A**）。
② フライパンを火にかけてバターを入れる。バターが溶けたら①を加える。リンゴにバターがなじみ、温まってきたらグラニュー糖を加え（**B**）、強火でソテーする。
③ グラニュー糖がキャラメル化しはじめたらシナモンパウダーをふり（**C**）、ラム酒を加えてフランベする（**D**）。バットにあけて室温にしばらくおいて粗熱をとる。

POINT
→ シナモンパウダーはソテーの後半（グラニュー糖がキャラメル化しはじめた段階）で加え、さらにラム酒でフランベして香りよく仕上げる。

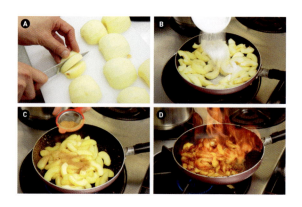

チョコレートとハチミツのムース

① ミキサーボウルに生クリームAを入れ、氷水にあてながらホイッパーで撹拌して8分立てにする（**A**）。
② 鍋にハチミツと生クリームBを入れ（**B**）、中火にかける。沸騰したら火を止め、泡立て器で混ぜる。
③ ボウルにチョコレート2種類を入れ、湯煎にして混ぜながら溶かす。
④ ③に②の1/3量を加えて泡立て器でさっくりと混ぜる（**C**）。ゴムベラに持ち替えて、残りの②を3回くらいに分けて加え、そのつど混ぜてしっかりと乳化させる。写真（**D**）は混ぜ終わり。
⑤ ④を高さのある容器に移し、スティックミキサーでなめらかでつややかな状態になるまで撹拌する（**E**）。このとき、チョコレートの温度は36℃程度をキープする。
⑥ ⑤をボウルに移し、①を数回に分けて加え混ぜる（**F**）。最初のうちは泡立て器で、後半はゴムベラに持ち替えてしっかりと混ぜ合わせる。

POINT
→ チョコレートに生クリームなどを合わせる際は数回に分けて作業を行い、また後半はゴムベラで混ぜてしっかりと乳化させる。
→ スティックミキサーで撹拌する際は、温度を36℃程度にキープする。

チョコレートとプラリネのグラサージュ

下準備：ミルクチョコレートとヘーゼルナッツのプラリネペーストは合わせて溶かす

① 鍋に生クリームを入れて火にかけ、沸騰させる。
② 合わせて溶かしたミルクチョコレートとヘーゼルナッツのプラリネペーストが入ったボウルに、①を加えて混ぜ合わせる。
③ ②にナパージュ・ヌートルと水を順に加え混ぜ、仕上げにスティックミキサーでなめらかでつややかな状態になるまで撹拌する（**Ⓐ**）。網で漉す。

バニラのクレーム・シャンティイ

① ボウルに生クリームとグラニュー糖を入れ、しっかりと混ぜて10分立てにする。
② ①にクレーム・ドゥーブルとバニラシュガーを順に加え、そのつど混ぜ合わせる。写真（**Ⓐ**）は混ぜ終わり。

組立て・仕上げ

下準備：カカオニブは細かく粉砕する。

① プラックに直径7×高さ1.5cmのセルクルを並べ、チョコレートとハチミツのムースを絞り袋に入れて少量ずつ絞る。リンゴのソテーを3切れずつ並べる（**Ⓐ**）。
② 残りのチョコレートとハチミツのムースを絞り、表面をスプーンの背で平らにならす（**Ⓑ**）。
③ チョコレートのビスキュイ・サン・ファリーヌを焼き面を下にして重ねる（**Ⓒ**）。フィルムをかぶせて板を重ね、手で押さえて密着させる（**Ⓓ**）。ショックフリーザーで冷やし固める。
④ ③のセルクルをはずし、網を重ねたプラックにのせる。チョコレートとプラリネのグラサージュをかけ（**Ⓔ**）、シナモンのシュトロイゼルに重ねる（**Ⓕ**）。
⑤ 細かく粉砕したカカオニブを④の側面にまぶし（**Ⓖ**）、バニラのクレーム・シャンティイをスプーンでクネル形にしてのせ（**Ⓗ**）、シナモンパウダーを茶漉しでふる。

Pâtisserie
a terre
[パティスリー ア・テール]

ピエモン

オーナーシェフ
新井和碩さん

チョコレート×栗×コーヒー

「栗きんとんにコーヒーを合わせるのが好き」と話す新井和碩さん。「ピエモン」は
そんな思いを反映させ、栗ともコーヒーとも相性のよいチョコレートを合わせた濃厚な1品だ。
フランス産のマロンペーストを加え、マスコバド糖でこくを出した、ラム酒が香る栗のケイクに、
ホクッとした栗の蒸し煮を加えたコーヒーのクリームを重ね、カリッとしたアーモンド入りの
グラサージュでコーティング。上面のチョコレートとプラリネのクリームにはダークとミルクの
2種類のチョコレートをブレンドし、カカオ感たっぷりのまろやかな風味となめらかな
口あたりを演出。グラサージュにもチョコレートを配合し、しっかりとした味わいに仕上げた。

材料

使用する型：57×37×高さ4cmのカードル（1台84個分）

▸栗のケイク
（57×37cmのカードル1台分・84個分）

発酵バター…325g
マロンペースト（アンベール）…900g
グラニュー糖…200g
マスコバド糖…180g
全卵…400g
アーモンドパウダー…150g
ヘーゼルナッツパウダー…150g
薄力粉…100g
ラム酒入りシロップ（P.175）…適量

▸コーヒーのクリーム
（約84個分）

生クリーム（乳脂肪分42％）…1200g
コーヒー豆…100g
板ゼラチン…8g
栗の蒸し煮（サバトン「マロンエトフェ」）…200g

▸チョコレートとプラリネのクリーム
（つくりやすい分量）

生クリームA（乳脂肪分35％）…200g
アーモンドとヘーゼルナッツのプラリネ…60g
ミルクチョコレート
（カカオバリー「ピストールアルンガ」／カカオ分41％）…80g
ダークチョコレート
（ヴェイス「ノワール アメール ソコト」／カカオ分62％）…80g
生クリームB（乳脂肪分38％）…200g

▸ナッツとチョコレートのグラサージュ
（つくりやすい分量）

ミルクチョコレート
（チョコヴィック「ハデ」／カカオ分38.8％）…500g
パータ・グラッセ
（カカオバリー「パータ・グラッセ・ブロンド」）…200g
ピーナッツオイル…80g
アーモンド（皮なし）…50g

▸組立て・仕上げ

栗の渋皮煮…適量
粉糖…適量

①栗の渋皮煮
②チョコレートとプラリネのクリーム
③ナッツとチョコレートのグラサージュ
④コーヒーのクリーム
⑤栗のケイク

つくり方

栗のケイク

下準備：発酵バターとマロンペーストはそれぞれ室温にもどす／アーモンドパウダー、ヘーゼルナッツパウダー、薄力粉は合わせてふるう／全卵は溶きほぐす

① ミキサーボウルに発酵バター、マロンペースト、グラニュー糖、マスコバド糖を入れ、白っぽくなるまでビーターで低速で撹拌する（Ⓐ＆Ⓑ）。ダマがなくなればOK。

② ①に全卵を2〜3回に分けて加えながら撹拌し（Ⓒ）、全体が混ざったら合わせた粉類を加えて均一な状態になるまで撹拌する。

［工程③以降は次頁↓］

③ オーブンシートを敷いた天板に57×37cmのカードルをのせ、②を流す(**D**)。パレットナイフでのばし、表面を平らにならす。180℃のコンベクションオーブンで35〜40分焼く(**E**)。
④ 焼き上がったら熱いうちにラム酒入りシロップを刷毛でたっぷりとぬる(**F**)。ショックフリーザーで急冷する。

コーヒーのクリーム

下準備：板ゼラチンは冷水でもどし、湯煎にして溶かす

① ボウルに生クリームとコーヒー豆を入れ、ラップを密着させて冷蔵庫に1晩おく。写真(**A**)は1晩おいた状態。
② ①を網で漉してミキサーボウルに移す。網に残ったコーヒー豆を上からゴムベラで押さえてしっかりと風味を抽出する(**B**)。
③ ②をホイッパーで高速で撹拌して写真(**C**)のような6分立てにし、ボウルに移す。
④ 別のボウルに溶かした板ゼラチンと③の少量を入れ、泡立て器で混ぜる。これを③のボウルに入れ、ゴムベラでさっくりと混ぜる。
⑤ 栗の蒸し煮を5mm角程度にきざみ、④に加え混ぜる(**D**)。

POINT
→ 生クリームにコーヒー豆を浸して1晩おき、しっかりとコーヒーの風味を移す。また、漉すときもコーヒー豆をゴムベラで押さえるようにして風味を充分に抽出する。

チョコレートとプラリネのクリーム

① 鍋に生クリームAを入れて中火にかけ、沸騰したら火を止める。
② ボウルにアーモンドとヘーゼルナッツのプラリネ、ミルクチョコレート、ダークチョコレートを入れ、①をそそぐ(**A**)。
③ ゴムベラでゆっくりと中心から外側に向かって混ぜる(**B**)。スティックミキサーに持ち替えて撹拌し、しっかりと乳化させる(**C**)。
④ 生クリームBを加えてゴムベラで混ぜ、ラップをして冷蔵庫に1晩おく。写真(**D**)は混ぜ終わり。

ナッツとチョコレートのグラサージュ

下準備：アーモンドはきざんで軽くローストする

① ボウルにミルクチョコレートとパータ・グラッセを入れ、電子レンジにかけて溶かす。
② ①にピーナッツオイルを加えてゴムベラで混ぜ、きざんで軽くローストしたアーモンドを加え混ぜる（Ⓐ&Ⓑ）。

~~~~~~

組立て・仕上げ

① 栗のケイクの入ったカードルに、コーヒーのクリームを流す。パレットナイフでのばし、表面を平らにならす（Ⓐ）。冷蔵庫に1晩おいて冷やし固める。
② ①のカードルをはずし、8×3cmに切り分ける（Ⓑ）。側面と上面にナッツとチョコレートのグラサージュを刷毛でたっぷりとぬる（Ⓒ&Ⓓ）。
③ ボウルにチョコレートとプラリネのクリームを適量入れ、泡立て器で6分立て程度に泡立てる。これを星口金を付けた絞り袋に入れ、②の上面に写真（Ⓔ）のように絞る。
④ 栗の渋皮煮を半分に切って③にのせ（Ⓕ）、粉糖を茶漉しでふる。

POINT
→ 工程②でグラサージュをぬる際は、まず手でケーキの上下を持って側面にぬり、次に作業台に置いて上面にぬるとぬりやすい。

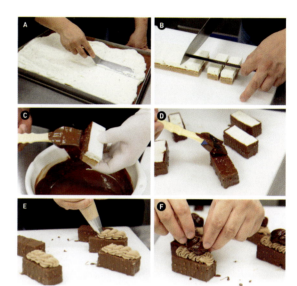

PETIT GÂTEAU / COLLECTION — vol.2
定番素材、チョコレートの生かし方

チョコレートそのもののもち味をストレートにアピールする、
チョコレートにプラスアルファのフレーバーを重ねて
新たな魅力を開花させるなど、チョコレートの生かし方はさまざま。
チョコレートのプチガトーへの多彩なアプローチを紹介します。

① アーム
② オール
③ エメロウド
④ ムーランルージュ

ASTERISQUE
［アステリスク］

オーナーシェフ
和泉光一さん

①
―
ダークチョコとコーヒー。両者の酸味がシンクロ

使用するチョコレートは、カカオ分70％のダークチョコレート1種類。それを、クリーム、ムース、ビスキュイに展開し、コーヒーのクレーム・ブリュレと合わせた。かつてワールドチョコレート マスターズに出品したアントルメを、プチガトーにアレンジした定番アイテム。

②
―
ミルクチョコがナッツとアプリコットのかけ橋

ヘーゼルナッツとチョコレートのダックワーズ、アプリコットのクリーム、ソテーしたアプリコット、ミルクチョコレートとアーモンドのプラリネのムース、アプリコットのジュレを層に。甘ずっぱいアプリコットとこうばしいナッツの味わいを、ミルクチョコレートがつなぐ。

③
―
ホワイトチョコの乳味とピスタチオのこくが融合

同店のテーマカラーである、鮮やかなピスタチオグリーンが目をひく1品。ピスタチオのビスキュイ、フランボワーズのコンフィチュールとクリーム、チョコレートで和えたフイヤンティーヌ、赤い果実のジュレなどを層にし、ホワイトチョコレートとピスタチオのムースでおおった。

④
―
マスカルポーネ×ホワイトと、赤い果実×ダークの四重奏

濃厚なダークチョコレートのムースに、甘ずっぱいイチゴとフランボワーズのコンポートと、食感が楽しいチョコレートで和えたフイヤンティーヌを合わせ、フランボワーズのグラサージュでおおった。ひだのように絞ったのは、マスカルポーネチーズとホワイトチョコレートのクリーム。

⑤
―
ミルクチョコ×4種の素材で新たな味と香りを創造

「チョコレートに複数の素材をかけ合わせ、新たな味わいを生み出す」（和泉さん）のが、この菓子のテーマ。カカオ分48％のミルクチョコレートを使い、ヘーゼルナッツのプラリネ、オレンジ、パッションフルーツ、キャラメルなどの風味を融合させた。グラサージュを含めて16層で構成。

❻
ミルクチョコが主役。
果実の酸味をアクセントに

チョコレートとバニラの2種類のクリームを、フランボワーズとミルクチョコレートのムースでおおった。土台は、焼いたシュトロイゼルにキャラメルのケイク生地を重ね、ナッツを敷き詰めて二度焼きした3層構造。チョコレートの甘さとフルーツの酸味のバランスが味づくりの肝。

❼
プラリネ×レーズン×バニラ。
ミルクチョコは"ベースライン"

ミルクチョコレートとヘーゼルナッツのプラリネのムースで、ラムレーズン入りのバニラ風味のババロワを包んだ。フイヤンティーヌやサブレなども合わせ、食感も豊かに演出。「この菓子では、ミルクチョコレートはいわば"ベースライン"。主役を支える役割に徹しています」と和泉さん。

❽
ブロンドチョコを使って
「キャラメル・カフェ」を表現

「ドゥルセ」の「塩キャラメルのような風味」(和泉さん) を生かした、"チョコ×コーヒー"がテーマの1品。味のイメージは「キャラメル・カフェ」。コーヒーとチョコのムース、チョコのクリーム、ヘーゼルナッツペーストなどで和えたフイヤンティーヌ、ヘーゼルナッツのビスキュイを層にした。

❾
柑橘とリキュールに寄り添う
ミルキーなホワイトチョコ

オレンジにコアントローとベルガモットエキスが配合されたボワロンのピュレを使い、その風味を前面に打ち出したタイプと、ホワイトチョコを合わせたミルキーなタイプの2種類のクリームを仕立てた。中のダックワーズと上部のクレーム・シャンティイは、いずれもオレンジ風味。

❿
ベトナム産カカオの鮮やかで
パンチのある風味をアピール

「鮮やかで、パンチのある風味が魅力」(和泉さん) という、ベトナム産カカオが原料のピュラトスのチョコレートを生地に使用。ガナッシュにはフリューベルのカカオ分55％のチョコレートを使い、生地に負けない力強い味わいを打ち出した。クレーム・シャンティイなどで飾る。

Pâtisserie **Etienne** [パティスリー エチエンヌ]	Pâtisserie Chocolaterie **Chant d'Oiseau** [パティスリー ショコラトリー シャンドワゾー]	**Les Temps Plus** [レタンプリュス]
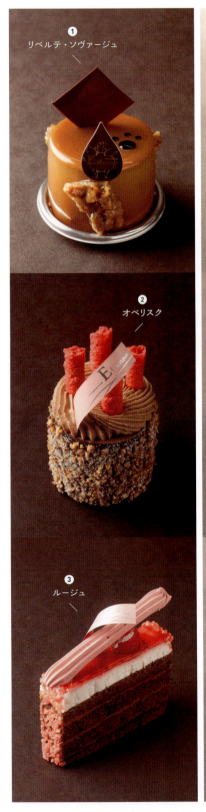		

Etienne: ① リベルテ・ソヴァージュ ② オベリスク ③ ルージュ

Chant d'Oiseau: ① ガトーショコラ・フォンダン ② ムース・オ・ショコラトンカ ③ ショコラ・フリュイ・ルージュ

Les Temps Plus: ① アプソリュー ② ショコラ フランボワーズ ③ カンテサンス

Pâtisserie Etienne

オーナーシェフ
藤本智美さん

シェフの チョコレート考

「素材としてのチョコは、銘柄にこだわりません。そのこだわりが、直接、お客さまへの"引き"になるかというと、そうではない。また、材料コストの上昇ぶんを価格に転嫁したくないですね。汎用性の高い製品を用いるのが私のチョコ選びの前提です。また、プチガトーでは、特徴の異なるチョコを2種類以上使うことが多いですね。より繊細なバランスでカカオ感を表現できます。チョコとの組合せで好きなのは、酸味のあるベリー系や柑橘系の果物ですね」

―― チョコレート ――
×

❶

キャラメル×バナナ×ナッツ

口溶けのよい2種類のビスキュイと、バナナとチョコレートのクリーム、キャラメルとチョコレートのムース、ソーテしたバナナのコンビネーションという、濃厚な味わい。クルミのヌガーでこうばしさもプラスした。

CUT →

❷

バニラ×グリオットチェリー

2種類のチョコレートを使ったムースの中は、バニラのクリームとグリオットチェリーのキルシュ漬け。土台には軽い食感のチョコレート生地を使い、トップにはチョコレートのクレーム・シャンティなどを飾った。

CUT →

❸

赤い果実

チョコレート生地で、イチゴ、グロゼイユ、フランボワーズの風味を合わせたガナッシュをサンド。生地にベリーのシロップをぬり、フランボワーズのクレーム・シャンティイを重ねるなどして甘ずっぱさを強調した。

Pâtisserie Chocolaterie Chant d'Oiseau

オーナーシェフ
村山太一さん

シェフの チョコレート考

「チョコを使った生菓子は、合わせる素材がもつ香りの濃淡を考えることが大切です。たとえば、『ロワイヤル』(P.130)では、紅茶の香りはチョコと合わせると存在感が薄くなるため、各パーツで紅茶を香らせ、またビター感がおだやかなミルクチョコをメインで使いました。チョコはベルギーのブランドのものをよく使いますね。クセのない、ニュートラルな味わいが特徴で、多くの人になじみのある、いわゆる"チョコ味"のプチガトーに仕立てるのに有用です」

―― チョコレート ――
×

❶

アルマニャック

チョコレート系のパーツの余りをまとめ、厚さ2cmにのばし、ガナッシュをぬって固めたものを土台にした再生菓子。ダークチョコレート主体のアルマニャック入りのガナッシュとミルクチョコレートのムースを重ねた。

❷

トンカ豆

トンカ豆とチョコレートのムース、ガナッシュ、チョコレートのビスキュイ、フイヤンティーヌ、オレンジのコンフィなどを10層に組み立てた。間にチョコレートのプレートを挟み、口溶けの時間差を演出する。

❸

フランボワーズetc.

軽い口あたりに焼き上げ、キルシュをぬったチョコレートのビスキュイと、ベリー類を使ったガナッシュを層に。酸味を強調することで、夏場でもさっぱりと食べられるチョコレート菓子として提案している。

Les Temps Plus

オーナーシェフ
熊谷治久さん

シェフの チョコレート考

「基本的に数種類のクーベルチュールをブレンドしてムースなどのパーツに仕立てています。配合次第で多彩な味や香りを表現できますし、その調整も微妙なさじ加減でできます。大切なのは、合わせる素材のもち味もきちんとアピールすること。たとえば、『フォレ・ノワール』(P.134)はムースのベースのガナッシュを牛乳で仕込み、やや軽めの味わいに。カカオ感があっても重たい印象にはならないので、主役のチェリーの風味がクリアに感じられます」

―― チョコレート ――
×

❶

ライム×トンカ豆

トンカ豆とバニラが香るクレーム・ブリュレを、ライムの風味をまとったチョコレートのムースでおおった。ムースはカカオ感よりもこくを重視し、ヴァローナ「ジヴァラ・ラクテ」(カカオ分40％)をチョイス。

CUT →

❷

フランボワーズ

ヴァローナ「マンジャリ」(カカオ分64％)と「カラク」(同56％)をブレンドしたチョコレートのムースと、オー・ド・ヴィで香りを高めたフランボワーズを、チョコレートのビスキュイ・サン・ファリーヌでサンドした。

❸

チョコレートのもち味だけで勝負

ドモーリ「アプリマク」(カカオ分75％)を使ったクレムーと、ヴァローナの2種類のチョコレートをブレンドしたムースが主役。チョコレートのビスキュイ・サン・ファリーヌ、シュトロイゼルと合わせた。

CUT →

OCTOBRE
[オクトーブル]

① グランパレ

② ミュウミュウ

③ ナッツとオレンジ

Pâtisserie TRÈS CALME
[パティスリー トレカルム]

① スーヴニール

② アリュール

③ ドゥルセ・キャフェ

Pâtisserie Les années folles
[パティスリー レザネフォール]

① キャラメルショコラ

② サンマルククラシック

③ ピスタッシュグリオット

OCTOBRE

オーナーシェフ
神田智興さん

シェフの **チョコレート考**

「使用するチョコは、すべてリンツのもの。リンツでシェフを務めていたことに加え、たとえばダークチョコは苦みのなかにほんのりミルキー感があるのが特徴で、味の組立てがしやすいというのも理由です。チョコは主役としてはもちろん、ガナッシュなどにしてアクセント的に使うこともできます。粗くきざんでゴツゴツした感じをアピールしたり、ガナッシュにしてなめらかさを表現したりと、食感もさまざまなバリエーションが出せるのも魅力ですね」

─── チョコレート ───
×

❶
フランボワーズ×ヘーゼルナッツ

粗くきざんだダークチョコレート入りの生地に、カカオ分54％のチョコレートとカカオマスを使ったガナッシュを挟み、口溶けの時間差を演出。フランボワーズジャムの酸味とヘーゼルナッツのこうばしさがアクセント。

❷
紅茶×ブラックベリー

チョコレートのビスキュイ、アールグレイのクレーム・ブリュレ、ブラックベリーとミルクチョコレートを使ったガナッシュベースのミルキーなムースを層に。トップにはブラックベリーの白ワイン煮をあしらった。

❸
4種類のナッツ×オレンジ

ヘーゼルナッツ、アーモンド、クルミ、マカダミアナッツを配合した風味も食感も豊かな生地と、自家製プラリネのクリーム、オレンジピュレが好相性。間に薄くぬったガナッシュが、香りと味のアクセントだ。

Pâtisserie TRÈS CALME

オーナーシェフ
木村忠彦さん

シェフの **チョコレート考**

「私の菓子には、料理的あるいはデザート的な考え方が強く表れていると思います。チョコが主役の菓子も、チョコを多様な食感のパーツに使い、味や香りが段階的に広がるように計算。クリームやフルーツのクーリなどに加えて、こくや粘りを出すなど、フランス料理のソースにバターを入れるような感覚で、調味料的にチョコを使うこともあります。ごく少量でもチョコを加えてパーツを仕込むと、各パーツの味が近づき、全体的に味が調和しやすくなります」

─── チョコレート ───
×

❶
キャラメル×オレンジ

キャラメルのクレーム・シャンティイをのせたミルクチョコのムースの中は、キャラメルのクリーム、オレンジのコンフィチュール、チョコで和えたフイヤンティーヌ。土台はヘーゼルナッツのダックワーズ。

CUT →

❷
ラムレーズン

チョコで和えたフイヤンティーヌ、香り高いラムレーズン、ガナッシュを詰めたタルトを土台とし、チョコのプレートとチョコのビスキュイ・サン・ファリーヌ、ホワイトチョコとミルクチョコのムースを重ねた。

CUT →

❸
コーヒー

キャラメルのような風味のヴァローナ「ドゥルセ」のムースに、エチオピア・イルガチェフェ産のコーヒー豆を使った香り高いムース、オレンジのクーリ、ピーカンナッツ入りのビスキュイを組み合わせたプチガトー。

CUT →

Pâtisserie Les années folles

オーナーシェフ
菊地賢一さん

シェフの **チョコレート考**

「めざすのは、『もうなくなっちゃった!?』と感じるような軽さのある菓子。チョコ系の菓子も同様で、いわゆる"チョコ味"の商品はごく数品です。軽さとチョコは相反しそうですが、ほかの素材との組合せ方によっては、その素材のもち味やチョコそのものを軽く感じさせることができます。ただし、チョコ単体でテイスティングした印象と、ほかの素材と合わせたあとの味や香りの出方、口あたりや口溶けにはかなり違いがあるため、入念に試作しています」

─── チョコレート ───
×

❶
キャラメル

洋ナシのコンポートを加えたほろ苦いキャラメルのムースと、ヴァローナ「カラク」（カカオ分56％）を使ったアングレーズベースのチョコレートのムースの組合せ。キャラメルのビター感が心地よい。

❷
バニラ

ダークチョコレートのムースとバニラのババロワを重ね、上面の生地をキャラメリゼした、フランス伝統菓子のカラーを強く打ち出した1品。カカオ分70％のチョコレートの風味とキャラメリゼの苦みが調和。

❸
ピスタチオ×グリオットチェリー

ピスタチオペーストをたっぷり配合したアングレーズベースの口溶けのよいムースに、ダークチョコレートのムースとグリオットチェリーのジュレを組み込んだ。チョコレートがピスタチオの華やかな香りに丸みを生む。

CUT →

Pâtisserie & café **DEL'IMMO** [パティスリー & カフェ デリーモ]	pâtisserie **accueil** [パティスリー アクイユ]	Pâtisserie **a terre** [パティスリー ア・テール]

① デリーモ
② デュオピスターシュ
③ メリッサ

① ノクチュルヌ
② マントン
③ ニュイ

① プレジール
② マールカシス
③ フォレノワール

Pâtisserie & café DEL'IMMO

シェフパティシエ
江口和明さん

シェフのチョコレート考

「プチガトー全品にチョコを使い、9社20〜24種類のクーベルチュールを使い分けています。個性的なチョコはその風味を前面に打ち出すことが多いですが、一方で数種類をブレンドすることもあります。新作は、果物やナッツなどの素材からチョコとの組合せを考える場合と、チョコの個性から相性のよい素材を検討する場合があります。個人的にはナッツやスパイス、ハーブを合わせるのが好み。個性的な香りを添えるとチョコの風味に深みが出ます」

チョコレート × ❶ コーヒー

コーヒーのムースに、エスプレッソを配合したシロップをたっぷりとぬったジェノワーズと、ヴァローナ「ドゥルセ」のクリームを組み込んだ。ドゥルセのキャラメルのような風味とコーヒーの味わいが調和する。

ホワイトチョコレート × ❷ ピスタチオ

ヴァローナ「イボワール」を使うピスタチオのムースとクレーム・ブリュレ、ベルガモットが香る酸味のきいたグリオットチェリーのジュレの組合せ。濃厚な風味でありながら、すっきりとした後口の1品。

---

❸ フランボワーズ etc.

レモンが香るさわやかなビスキュイ、甘ずっぱいフランボワーズのクリーム、アニス入りのパイナップルのコンポートを重ね、3種類のホワイトチョコレートをブレンドしたムースでおおった。

---

pâtisserie accueil

オーナーシェフ
川西康文さん

シェフのチョコレート考

「当店はチョコレートを使った生菓子が多く、それが店の個性になっています。チョコはさまざまな素材と相性がよいですが、私がとくに好きなのは柑橘系フルーツとのコンビネーション。たとえば、『ニュイ』は天草晩柑とチョコの組合せ。苦みもありながらほんのりフルーティーなヴァローナ『アルパコ』に、苦みと酸味を併せ持つ晩柑が合うと考えました。ベリー類と比べ、酸味だけではなくほどよい苦みがあるのが柑橘類の特徴であり、魅力だと思います」

チョコレート × ❶ オレンジ×キャラメル

チョコレートのビスキュイ、ダークチョコレートのムース、オレンジとキャラメルのクリームのコンビネーション。こくのあるムースとねっとりとしたクリームを、オレンジのさわやかな香りが包む。

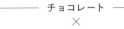

---

❷ レモン×キャラメル

チョコレートのパート・シュクレにレモンのクリームを詰め、キャラメルとミルクチョコレートのムースを重ねた。キャラメルの苦みとレモンの酸味を、ミルクチョコレートのやさしい乳味がつなぐ。

---

❸ 晩柑

「夜」という意味の名のプチガトー。ヴァローナ「アルパコ」（カカオ分66％）をムースやガナッシュなどに展開し、それらを融合させた。クランブルに隠し味程度にしのばせた天草晩柑が、後味にキレを生む。

Pâtisserie a terre

オーナーシェフ
新井和碩さん

シェフのチョコレート考

「個性のはっきりしたチョコが好きで、プチガトーにもそうしたチョコをセレクトし、その個性を生かした菓子づくりをめざしています。味の組合せは、基本的には2〜3種類まで。『マールカシス』は、カシス、マール、チョコが軸で、カシスとマールにはヴァローナ『マンジャリ』が合うと考えました。一方、『ピエモン』（P.158）では、チョコは準主役です。しかしながら、チョコを使ったパーツはカカオ感たっぷりに仕上げて、存在感をきちんと出しています」

チョコレート × ❶ キャラメル×オレンジ

タルト生地に、アールグレイが香るオレンジのコンフィ入りのキャラメルのクリームを流し、カカオバリー「ピストール アルンガ」（カカオ分41％）と自家製プラリネを配合したチョコレートのクリームをのせた。

---

❷ カシス×マール

紅茶とマールが香るチョコレートのムースの中に、カシスのクリームを組み込み、マールをぬったチョコレートのビスキュイに重ねて、カシス色のマカロン生地をトップにあしらった。華やかなフレーバーが魅力。

---

❸ グリオットチェリー×キルシュ

パート・ダマンドを多めに配合したビスキュイ・サシェールにグリオットチェリーを入れて焼き、キルシュ入りシロップをたっぷりとぬる。キルシュ入りクレーム・シャンティイやチョコレートのクリームなどを飾った。

補足レシピ

※分量は、すべて「つくりやすい分量」

à tes souhaits!
[アテスウェイ]

商品名 プラリネ・パンプルムース (→P.8)

ゆでたグレープフルーツ

[材料]
グレープフルーツ……適量

[つくり方]
① グレープフルーツは、皮のところどころをフォークで刺したのち、約8等分のくし形に切る。ヘタと芯、種を取り除き、果肉の部分に4〜5ヵ所、深く切り込みを入れる。
② 湯を沸かした鍋に入れ、弱火で皮がやわらかくなるまでゆでる。水けをきる。

アーモンドのキャラメリゼ

[材料]
グラニュー糖…100g
水…25g
アーモンド（皮なし）…500g

[つくり方]
① 鍋にグラニュー糖と水を入れ、120℃になるまで加熱する。
② 火からおろしてアーモンドを加え、木ベラで混ぜて白く結晶化させる。
③ ふたたび火にかけ、結晶化した砂糖を溶かしながら色づけ、キャラメリゼする。
④ シルパットの上に広げ、粒がくっつかないように離して冷ます。

Pâtisserie LA VIE DOUCE
[パティスリー ラ・ヴィ・ドゥース]

商品名 シャルトリューズ (→P.16)

クレーム・シャンティイ

[材料]
生クリームA（乳脂肪分45%）…適量
生クリームB（乳脂肪分35%）…生クリームAと同量
グラニュー糖…適量

[つくり方]
① 生クリームAとBを混ぜ合わせ、8%加糖になるようにグラニュー糖を加え、しっかりと泡立てる。

ナパージュ・ミックス

[材料]
ナパージュ・ヌートル
（ピュラトス「ハーモニー・スブリモ・ヌートル」）…800g
ナパージュ・ヌートル
（マルグリット「ナップ・ヌートル」）…240g
水…少量

[つくり方]
① 鍋にすべての材料を入れ、混ぜながら沸騰させる。保存容器に移し、冷蔵庫に1晩おく。必要量を鍋に入れて温めてから使用する。

pâtisserie Sadaharu AOKI paris
[パティスリー・サダハル・アオキ・パリ]

商品名 コート・ディボワール (→P.20)

ピストレ用ホワイトチョコレート

[材料]
ホワイトチョコレート（ドモーリ「ビアンコ」）…600g
カカオバター…400g

[つくり方]
① 材料を合わせ、40℃になるまで温めて混ぜ溶かす。

飾り用ホワイトチョコレート

[材料]
ホワイトチョコレート（ドモーリ「ビアンコ」）…適量

[つくり方]
① ホワイトチョコレートは溶かしてテンパリングし、ボウルに移す。
② ①に18×3cmのフィルムの片面を浸し、薄くホワイトチョコレートをまとわせる。
③ 余分なホワイトチョコレートを落とし、トヨ型に波を打たせるように入れて固まるまで室温におく。フィルムをはがして使用する。

AU BON VIEUX TEMPS
[オーボンヴュータン]

商品名 ビジュー・ルージュ (→P.24)

タン・プール・タン

[材料]
乾燥させたバニラビーンズのサヤ…5〜6本
アーモンド*…1000g
グラニュー糖…1000g

*皮付きのアーモンドを湯でて皮をむき、乾燥させたもの

[つくり方]
① フードプロセッサーに乾燥させたバニラビーンズのサヤ、アーモンド、グラニュー糖を入れ、粗めの砂状になるまで撹拌する。
② ①をローラーに2回ほどかけて粗めに挽く。

パート・シュクレ・オ・ザマンド

[材料]
バター…2000g
粉糖…300g
塩…15g
全卵…8個
卵黄…8個分
タン・プール・タン（左記）…1800g
薄力粉…3000g

[つくり方]
① ミキサーボウルにバターを入れ、ビーターで低中速で撹拌し、ポマード状にする。粉糖を加えてなめらかになるまで撹拌し、塩を加え混ぜる。
② 全卵と卵黄を3〜4回に分けて加え、そのつどよく撹拌する。タン・プール・タンを加えて撹拌し、粉けがなくなってきたら薄力粉を一度に加え、粉けがなくなるまで撹拌する。
③ ②を作業台に取り出し、手で少し練ってひとまとめにする。ラップで包み、冷蔵庫に1時間以上おく。

グロゼイユのジュレ

[材料]
グロゼイユ果汁*…220g
グラニュー糖A…11g
ペクチン…2g
グラニュー糖B…209g

*グロゼイユピュレ（冷凍）をさらし布にのせ、室温に1晩おいて自然と滴り落ちた汁を使用

[つくり方]
① 鍋にグロゼイユ果汁を入れて強火にかける。
② 約30℃になったら、混ぜ合わせておいたグラニュー糖Aとペクチンを加えて混ぜ溶かす。さらにグラニュー糖Bを加え、混ぜながら煮詰める。
③ ブリックス67〜70％になったら火からおろす。

飾り用チョコレート（棒形）

[材料]
チョコレート…適量

[つくり方]
① まな板を冷凍庫でしっかりと冷やす。
② チョコレートを溶かしてコルネに入れ、①の板の上に線状に絞る。
③ チョコレートが固まりきらないうちに牛刀で長さ5cmに切り、パレットナイフでまな板からはがす。

Lilien Berg
［リリエンベルグ］

商品名 トロピッシュ（→P.28）

アプリコットのコンポート

[材料]
アプリコット（生）…適量
グラニュー糖…アプリコットの重量よりも少し多め*

*アプリコットの甘さによって適宜調整する

[つくり方]
① アプリコットは縦に半割りにして種を取り除き、鍋に入れる。グラニュー糖を加えて混ぜ合わせ、そのまましばらくおく。
② ①を弱火にかけてブリックス60％になるまで炊き、火からおろす。

マジパン細工（カエル形）

[材料]
ローマジパン…適量
粉糖…ローマジパンの半量
色素（黄緑）…適量
グラス・ロワイヤル…適量
ダークチョコレート（溶かす）…適量
ピンクに着色したグラス・ロワイヤル…適量

[つくり方]
① ローマジパンに粉糖をもみ込む。少量ずつちぎって丸め、カエル形の型でぬく。
② ナイフで切り込みを入れて口をつくり、全体に色素をスプレーで吹き付ける。
③ グラス・ロワイヤルで白目を、ダークチョコレートで黒目を、ピンクに着色したグラス・ロワイヤルで舌を描く。

Oak Wood
［菓子工房 オークウッド］

商品名 紅玉リンゴとスパイスティーのタルト（→P.32）

キャラメルソース

[材料]
バニラビーンズ…1/4本
生クリーム（乳脂肪分38％）…100g
グラニュー糖…100g
バター…40g

[つくり方]
① バニラビーンズを縦に裂き、生クリームとともに鍋に入れ、火にかけて沸騰させる。
② 別の鍋を火にかけ、分量のグラニュー糖のうちの少量を入れて薄く広げる。少し溶けてきたら残りのグラニュー糖を少しずつ加えては薄く広げる。
③ ②がしっかりと色づき、全体が泡立ってきたら、沸騰した①を少量ずつ加えてゴムベラで溶きのばす。ボウルに移して粗熱をとる。
④ バターをポマード状にし、③に加え混ぜる。

Un Petit Paquet
［アン・プチ・パケ］

商品名 ディアボロ・マロン（→P.40）

クレーム・パティシエール

[材料]
牛乳…1L
バニラペースト…6g
卵黄…240g
グラニュー糖…250g
コーンスターチ…40g
カスタードパウダー…80g
発酵バター…40g

[つくり方]
① 鍋に牛乳とバニラペーストを入れて火にかけ、沸騰させる。
② ボウルに卵黄とグラニュー糖を入れてすり混ぜ、コーンスターチとカスタードパウダーを加えて粉がなくなるまで混ぜる。
③ ②に①を加え混ぜ、①の鍋に戻し入れる。これを強火にかけ、混ぜながら沸騰してコシが抜けるまで炊く。バットに移して発酵バターを加え、均一な状態になるまで混ぜる。ラップを密着させ、底に氷をあてて一気に冷まし、冷蔵庫に1晩おく。

Maison de Petit Four
［メゾン・ド・プティ・フール］

商品名 サヴール・タナン（→P.44）

イタリアンメレンゲ

[材料]
グラニュー糖…適量
水…グラニュー糖の1/5量
卵白…グラニュー糖の半量

[つくり方]
① 鍋にグラニュー糖と水を入れて火にかけ、118℃まで煮詰める。
② 卵白を7分立てにし、①を少量ずつ加えながら混ぜ、さらに粗熱がとれるまでしっかりと混ぜる。

ピストレ用ホワイトチョコレート（オレンジ、黄緑）

[材料]
ホワイトチョコレート…200g
カカオバター…200g
色素（オレンジ、黄、緑）…各適量

[つくり方]
① ボウルにホワイトチョコレートとカカオバターを入れ、湯煎にして溶かす。
② ①を半量ずつに分け、一方はオレンジ色と黄色の色素を加え混ぜて淡いオレンジ色に、もう一方は黄色と緑色の色素を加え混ぜて黄緑色に着色する。

クランブル

[材料]
バター…250g
メープルシュガー…250g
クルミパウダー…85g
アーモンドパウダー…100g
薄力粉…250g
シナモンパウダー…4g

[つくり方]
① ボウルにバターを入れてポマード状にし、メープルシュガー、クルミパウダー、アーモンドパウダー、薄力粉、シナモンパウダーを加え混ぜる。
② ①をシルパットを敷いた天板にのせ、上からもシルパットをかぶせて麺棒で厚さ1cm弱にのばす。
③ 180℃のコンベクションオーブンに入れ、ある程度焼けたら取り出して手でほぐして広げ、ふたたび焼成する。これをくり返し、粗くくだいたような状態になり、キツネ色になるまで焼く。

クレーム・シャンティイ

[材料]
生クリーム（乳脂肪分40％）…適量
グラニュー糖…生クリームの9％量

[つくり方]
① 材料を合わせ、8分立て程度に泡立てる。

PÂTISSERIE JUN UJITA
［パティスリー ジュンウジタ］

商品名 ジョア・ド・ペッシュ（→P.50）

キルシュシロップ

[材料]
キルシュ…適量
シロップ（ボーメ30度）…キルシュと同量

[つくり方]
① 材料を混ぜ合わせる。

ピストレ用ホワイトチョコレート

[材料]
ホワイトチョコレート…適量
カカオバター…ホワイトチョコレートの半量

[つくり方]
① 材料を温めて溶かし、混ぜ合わせる。

acidracines
［アシッドラシーヌ］

商品名 タルトシトロン・ピスターシュ（→P.70）

イタリアンメレンゲ

[材料]
グラニュー糖…200g
水…60g
卵白…100g

[つくり方]
① 鍋にグラニュー糖と水を入れて火にかけ、118℃になるまで加熱する。
② ミキサーボウルに卵白を入れて撹拌し、しっかりと泡立てる。
③ ②に①を少量ずつ加えながら撹拌し、しっかりと泡立てる。

クレーム・オ・ブール

[材料]
グラニュー糖…1600g
水…400g
卵黄…800g
バター…3200g
バニラエッセンス…10g

[つくり方]
① 鍋にグラニュー糖と水を入れて火にかけ、118℃になるまで加熱する。
② ボウルに卵黄を入れて①をそそぎ、湯煎にして混ぜる。84℃になったら網で漉してミキサーボウルに移す。
③ ②を撹拌してしっかりと泡立てる。これにポマード状にしたバターを加え、全体がなじむまでさらに撹拌する。バニラエッセンスを加え混ぜる。

クレーム・パティシエール

[材料]
牛乳…1L
バニラビーンズ…1.5g
加糖卵黄(20%加糖)…312g
グラニュー糖…218g
薄力粉…90g
カスタードパウダー…15g
バター…100g

[つくり方]
① 鍋に牛乳を入れ、バニラビーンズを裂かずに加えて火にかける。
② ボウルに加糖卵黄、グラニュー糖、薄力粉、カスタードパウダーを入れてすり混ぜる。
③ ①に②を加え、混ぜながら炊く。炊き上がったら火からおろし、バターを加え混ぜる。
④ バニラビーンズを取り出し、裂いて種をこそげ取る。種のみ鍋に戻して混ぜ合わせ、網で漉す。

ピストレ用ホワイトチョコレート

[材料]
ホワイトチョコレート…100g
カカオバター…50g

[つくり方]
① 材料を合わせて45℃に温めて溶かし、混ぜ合わせる。

---

pâtisserie VIVIenne
[パティスリー・ヴィヴィエンヌ]

商品名 オペラ・コスタリカ (→P.78)

フレンチメレンゲ

[材料]
卵白…420g
グラニュー糖…6g

[つくり方]
① ミキサーボウルに卵白を入れて高速で撹拌し、ある程度泡立ったらグラニュー糖を加え、ホイッパーですくうとすーっと落ちる程度の固さになるまで撹拌する。

イタリアンメレンゲ

[材料]
グラニュー糖…167g
水…55g
卵白…83g

[つくり方]
① 鍋にグラニュー糖と水を入れて火にかけ、116℃になるまで加熱する。
② ミキサーボウルに卵白を入れ、泡立て器で混ぜながら①を細い糸をたらすようにそそぐ。ミキサーにセットし、28℃になるまで高速で撹拌する。

UN GRAND PAS
[アングランパ]

商品名 マダム・アングランパ (→P.82)

イタリアンメレンゲ

[材料]
グラニュー糖…200g
水…グラニュー糖の1/3量(約67g)
卵白…100g

[つくり方]
① 鍋にグラニュー糖と水を入れて火にかけ、122℃になるまで加熱する。
② ミキサーボウルに卵白を入れて6〜7分立てになるまで撹拌する。
③ ②に①を少量ずつ加えながら撹拌し、さらにしっかりと泡立つまで撹拌する。

パータ・ボンブ

[材料]
グラニュー糖…500g
水…166g
卵黄…320g

[つくり方]
① 鍋にグラニュー糖と水を入れて火にかけ、108℃になるまで加熱する。
② ミキサーボウルに卵黄を入れ、①を加えて泡立て器で混ぜる。ミキサーにセットして高速で全体がなじむまで撹拌し、中速に切り替えて人肌程度の温度になるまで撹拌する。

PÂTISSERIE BIGARREAUX
［パティスリー ビガロー］

商品名 ル・プレジール（→P.86）

―

ピストレ用チョコレート
［材料］
ダークチョコレート…適量
カカオバター…ダークチョコレートと同量
［つくり方］
① 材料を温めて溶かし、混ぜ合わせる。

―

PÂTISSERIE LACROIX
［パティスリー ラクロワ］

商品名 カシス オランジュ（→P.102）

―

カシスのナパージュ
［材料］
ナパージュ・ヌートル…500g
カシスの濃縮果汁…75g
［つくり方］
① 材料を混ぜ合わせる。

―

Ryoura
［リョウラ］

商品名 コンフレール（→P.106）

―

イタリアンメレンゲ
［材料］
グラニュー糖…200g
水…68g
卵白…100g
［つくり方］
① 鍋にグラニュー糖と水を入れて火にかけ、118℃になるまで加熱する。
② ミキサーボウルに卵白を入れ、高速で撹拌する。5分立てになったら①を少量ずつそそぎながら、さらに泡立てる。
③ 湯気がとんだら中速に落とし、撹拌を続ける。しっかりと泡立ったら低速にし、きめをととのえながら約30℃になるまで撹拌する。プラックに移し、ショックフリーザーで約24℃になるまで冷ます。

―

グレープフルーツのコンフィチュール
［材料］
ピンクグレープフルーツピュレ…430g
グラニュー糖…170g
ペクチン…5.5g
［つくり方］
① 鍋にピンクグレープフルーツピュレを入れて火にかけ、約40℃になるまで加熱する。
② 混ぜ合わせておいたグラニュー糖とペクチンを加え、混ぜながら炊く。沸騰したらさらに1分炊き、火からおろす。

―

アンビバージュ
［材料］
シロップ（ボーメ30度）…40g
ピンクグレープフルーツピュレ…20g
［つくり方］
① 材料を混ぜ合わせる。

―

アーモンドのクラックラン
［材料］
アーモンドスライス（皮なし）…50g
粉糖…30g
シロップ（ボーメ30度）…70g
［つくり方］
① 材料を混ぜ合わせ、シルパットを敷いた天板に少量ずつ（アーモンドスライスが2枚、または3～4枚ずつが目安）、薄く広げる。
② ①を155℃のコンベクションオーブンで約15分焼く。

―

グレープフルーツのコンフィ
［材料］
グレープフルーツ…1個
グラニュー糖…150g
水…330g
［つくり方］
① グレープフルーツは皮ごと6等分に切って種を取り除き、水（分量外）からゆでて沸騰したらザルにあける。同じ要領で計4回ゆでこぼす。
② 鍋にグラニュー糖と分量の水を入れて火にかけ、沸騰したら①を加えて弱火にし、竹串がすっととおるようになるまで煮る。

―

ASTERISQUE
［アステリスク］

商品名 アラビカ（→P.122）

―

ピストレ用チョコレート
［材料］
ダークチョコレート…適量
カカオバター…ダークチョコレートと同量
［つくり方］
① 材料を温めて溶かし、混ぜ合わせる。

―

Pâtisserie Etienne
［パティスリー エチエンヌ］

商品名 シリアス（→P.126）

―

ピストレ用チョコレート
［材料］
ダークチョコレート
（森永商事「クレオール」／カカオ分60％）…300g
カカオバター…200g
色素（赤）入りカカオバター…20g

[つくり方]
① 材料を温めて溶かし、混ぜ合わせる。

飾り用チョコレート（プレート／ダーク、ミルク）

[材料]
ダークチョコレート
（森永商事「クレオール」／カカオ分60％）…適量
ミルクチョコレート
（大東カカオ「スペリオールラクテ」／カカオ分38％）…適量

[つくり方]
① チョコレート2種類をそれぞれテンパリングし、フィルムで挟んで薄くのばす。
② 固まったら、それぞれ手で大きめに割る。

Les Temps Plus
［レタンプリュス］

商品名 フォレ・ノワール（→P.134）

パート・ダマンド・クリュ

[材料]
グラニュー糖…1000g
アーモンド（皮なし）…1000g
卵白…100g
水…100g

[つくり方]
① フードプロセッサーにグラニュー糖とアーモンドを入れ、細かくなるまで撹拌する。
② ①をボウルに移し、卵白と水を加え混ぜる。ローラーにかけてペースト状にする。

OCTOBRE
［オクトーブル］

商品名 タルト キャラメル（→P.138）

アプリコットジャム

[材料]
ドライアプリコット…1000g
グラニュー糖…1000g
水A…500g
水B…500g
レモン果汁…40g

[つくり方]
① 鍋にドライアプリコット、グラニュー糖、水Aを入れて弱火にかけ、水分がなくなってきたら水Bとレモン果汁を加え、アプリコットが溶けるくらいの状態になるまで煮る。

クルミのキャラメリゼ

[材料]
グラニュー糖…250g
水…70g
ローストしたクルミ…300g
バター…20g

[つくり方]
① 鍋にグラニュー糖と水を入れて煮詰め、ローストしたクルミを加えてキャラメリゼする。
② ①にバターを加え混ぜ、シルパットに移して広げて冷ます。

Pâtisserie Les années folles
［パティスリー レザネフォール］

商品名 ノワゼット・カフェ（→P.146）

ピストレ用ホワイトチョコレート（黄）

[材料]
ホワイトチョコレート…100g
色素（黄）入りカカオバター…200g

[つくり方]
① ボウルにホワイトチョコレートと色素（黄）入りカカオバターを入れて温めて溶かし、混ぜ合わせる。

ヘーゼルナッツのキャラメリゼ

[材料]
グラニュー糖…50g
水…25g
ヘーゼルナッツ（皮なし）…200g

[つくり方]
① 鍋にグラニュー糖と水を入れて火にかけ、グラニュー糖が溶けて大きな気泡が浮いてきたらヘーゼルナッツを加える。茶色く色づいたら火を止めてバットに移し、1粒ずつバラす。

Pâtisserie a terre
［パティスリー ア・テール］

商品名 ピエモン（→P.158）

ラム酒入りシロップ

[材料]
グラニュー糖…80g
水…200g
ラム酒（ネグリタラム）…80g

[つくり方]
① 鍋にグラニュー糖と水を入れて火にかけ、沸騰したらラム酒を加え混ぜる。

掲載店 & シェフ紹介

à tes souhaits!
[アテスウェイ]

オーナーシェフ
川村英樹さん
(→P.8)

1971年新潟県生まれ。東京プリンスホテルを経て渡仏。グランドホテル・テルメスマリーンで修業後、帰国。2001年に「アテスウェイ」のシェフパティシエに就任。現在はオーナーシェフ。15年にルレ・デセール会員に。

DATA
東京都武蔵野市吉祥寺東町3-8-8 カサ吉祥寺2
☎ 0422-29-0888
www.atessouhaits.co.jp

Paris S'éveille
[パリセヴェイユ]

オーナーシェフ
金子美明さん
(→P.12)

1964年千葉県生まれ。「ルノートル」などを経てフランスで修業。帰国後、2003年に「パリセヴェイユ」をオープン。13年にフランス・ヴェルサイユに「オ・シャン・デュ・コック」を開業。16年にルレ・デセール会員に。

DATA
東京都目黒区自由が丘2-14-5
☎ 03-5731-3230

Pâtisserie LA VIE DOUCE
[パティスリー ラ・ヴィ・ドゥース]

オーナーシェフ
堀江 新さん
(→P.16)

1967年神奈川県生まれ。フランス「ヴァローナ」、ベルギー「ダム」、ルクセンブルク「オーバーワイス」などで修業。帰国後、銀座和光の「ガトー・ド・パリ・ルショワ」を経て、2001年に「パティスリー ラ・ヴィ・ドゥース」をオープン。

DATA
新宿店：東京都新宿区愛住町23-14
☎ 03-5368-1160
www.laviedouce.jp

---

pâtisserie Sadaharu AOKI paris
[パティスリー・サダハル・アオキ・パリ]

オーナーシェフ
青木定治さん
(→P.20)

1968年東京都生まれ。91年に渡仏し、さまざまな名店で修業を積む。2001年にパリ6区に「パティスリー・サダハル・アオキ・パリ」を開業。これまでにフランス最優秀パティシエやトップ5ショコラティエに選出されるなど、受賞歴多数。

DATA
丸の内店：東京都千代田区丸の内3-4-1
新国際ビル1F
☎ 03-5293-2800　www.sadaharuaoki.jp

AU BON VIEUX TEMPS
[オーボンヴュータン]

オーナーシェフ
河田勝彦さん
薫さん
(→P.24)

勝彦さんは1944年東京都生まれ。81年に「オーボンヴュータン」を開業。薫さんは1978年埼玉県生まれ。オーボンヴュータンなどを経て渡仏し、マンダリン オリエンタル パリなどで修業。2012年に帰国し、現店に勤務。

DATA
東京都世田谷区等々力2-1-3
☎ 03-3703-8428
aubonvieuxtemps.jp

Lilien Berg
[リリエンベルグ]

オーナーシェフ
横溝春雄さん
(→P.28)

1948年埼玉県生まれ。「エスワイル」を経て、ドイツ、スイス、オーストリア・ウィーンの「デメル」などで約5年間修業。帰国後、「新宿中村屋グロリエッテ」でシェフパティシエを務め、1988年に「リリエンベルグ」をオープン。

DATA
神奈川県川崎市麻生区上麻生4-18-17
☎ 044-966-7511
www.lilienberg.jp

Oak Wood
[菓子工房 オークウッド]

オーナーシェフ
横田秀夫さん
(→P.32)

1959年埼玉県生まれ。東京プリンスホテル、「パティスリー・ド・レカン」、東京全日空ホテルを経て、94年にパーク ハイアット 東京のペストリー工房に就任。2004年、埼玉・春日部に「菓子工房 オークウッド」をオープン。

DATA
埼玉県春日部市八丁目966-51
☎ 048-760-0357
oakwood.co.jp

LA VIEILLE FRANCE
[ラ・ヴィエイユ・フランス]

オーナーシェフ
木村成克さん
(→P.36)

1963年大阪府生まれ。フランスの「ネゲル」「ラ・ヴィエイユ・フランス」「ベルナシオン」などで計11年間働き、腕を磨く。帰国後、「パティスリー・フレ」などでシェフパティシエを務め、2007年に「ラ・ヴィエイユ・フランス」を開業。

DATA
東京都世田谷区粕谷4-15-6
グランデュール千歳烏山1F
☎ 03-5314-3530　www.lavieillefrance.jp

Un Petit Paquet
［アン・プチ・パケ］

オーナーシェフ
及川太平さん
(→P.40)

1950年東京都生まれ。「オーボンヴュータン」を経て渡欧し、「オーバーワイス」「ジャック」などで修業。「ピエールドオル」のシェフパティシエを経て、98年に「アン・プチ・パケ」をオープン。2012年にルレ・デセール会員に。

DATA
神奈川県横浜市青葉区みすずが丘19-1
☎ 045-973-9704
www.un-petit-paquet.co.jp

Maison de Petit Four
［メゾン・ド・プティ・フール］

オーナーシェフ
西野之朗さん
(→P.44)

1958年大阪府生まれ。「オーボンヴュータン」を経て、パリの「アルチュール」「メゾン・ド・ロイ」で修業を積む。帰国後、「フランス菓子工房 西野」を開業し、90年に「メゾン・ド・プティ・フール」をオープン。

DATA
本店：東京都大田区仲池上2-27-17
☎ 03-3755-7055
mezoputi.com

PÂTISSERIE JUN UJITA
［パティスリー ジュンウジタ］

オーナーシェフ
宇治田 潤さん
(→P.50・110)

1979年東京都生まれ。神奈川・葉山の「サンルイ島」やパリの「パティスリー・サダハル・アオキ・パリ」に勤め、帰国後は神奈川・鎌倉の「パティスリー雪乃下」で約6年間シェフを務める。2011年に「パティスリー ジュンウジタ」を開業。

DATA
東京都目黒区碑文谷4-6-6
☎ 03-5724-3588
www.junujita.com

Pâtisserie Yu Sasage
［パティスリー ユウ ササゲ］

オーナーシェフ
捧 雄介さん
(→P.54・110)

1977年新潟県生まれ。「ルコント」「オテル・ドゥ・ミクニ」での修業を経て、「ロワゾー・ド・リヨン」のスーシェフ、「プレジール」のシェフを務める。2013年に東京・千歳烏山に「パティスリー ユウ ササゲ」をオープン。

DATA
東京都世田谷区南烏山6-28-13
☎ 03-5315-9090
ja-jp.facebook.com/PatisserieYuSasage

Pâtisserie PARTAGE
［パティスリー パクタージュ］

オーナーシェフ
齋藤由季さん
(→P.58・110)

高校で調理師免許を取得。東京・代官山の「シェ・リュイ」などを経て23歳でフランスに渡り、老舗パティスリーなどで4年間研鑽を積む。東京・南品川の「レ・サンク・エピス」でシェフパティシエールを務め、2013年に独立開業。

DATA
東京都町田市玉川学園2-18-22
☎ 042-810-1111
www.patisserie-partage.com

Libertable
［リベルターブル］

オーナーシェフ
森田一頼さん
(→P.62・112)

1978年新潟県生まれ。国内やフランスのレストランやパティスリーで修業したのち、レストラン「ランベリー」（東京・表参道）のシェフパティシエを務める。2010年に「リベルターブル」のシェフに就任し、その後、オーナーに。

DATA
東京都港区赤坂2-6-24 1F
☎ 03-3583-1139
libertable.com

Pâtisserie Rechercher
［パティスリー ルシェルシェ］

オーナーシェフ
村田義武さん
(→P.66・112)

1977年愛知県生まれ。製菓専門学校を卒業後、大阪の「なかたに亭」や、東京や神奈川・横浜のパティスリーで修業。その後、なかたに亭に戻り、スーシェフを7年間務める。2011年に大阪・南堀江に「パティスリー ルシェルシェ」をオープン。

DATA
大阪府大阪市西区南堀江4-5 B101
☎ 06-6535-0870
rechercher34.jugem.jp

---

acidracines
［アシッドラシーヌ］

オーナーシェフ
橋本 太さん
(→P.70・112)

1975年福岡県生まれ。北海道のザ・ウィンザーホテル洞爺に勤務後、フランスでの研修などを経て、2007年に大阪・吹田にあった「ケ モンテベロ」のシェフパティシエに就任。13年に大阪・天満橋に「アシッドラシーヌ」をオープン。

DATA
大阪府大阪市中央区内平野町1-4-6
☎ 06-7165-3495
www.acidracines.com

M-Boutique OSAKA MARRIOTT MIYAKO HOTEL
［エム-ブティック 大阪マリオット都ホテル］

飲料部ペストリー料理長
赤崎哲朗さん
(→P.74・114)

1975年京都府生まれ。ホテル日航大阪、名古屋マリオットアソシアホテルなどを経て、2014年より現職。13年のクープ・デュ・モンド・ドゥ・ラ・パティスリーではリーダーを務め、日本チームを準優勝に導く。

DATA
大阪府大阪市阿倍野区阿倍野筋1-1-43
☎ 06-6628-6111
www.miyakohotels.ne.jp/osaka-m-miyako

pâtisserie VIVIenne
［パティスリー・ヴィヴィエンヌ］

オーナーシェフ
柾屋哲郎さん
（→P.78・114）

1976年福島県生まれ。東京・下高井戸の「ノリエット」で7年間、フランスで3年間研鑽を積む。修業先の「ミッシェル・ブラン」が日本進出した2009年に同ブランドの日本のシェフに就任。11年に「パティスリー・ヴィヴィエンヌ」を開業。

DATA
愛知県名古屋市昭和区山手通2-13 クレス1F
☎ 052-836-5500

UN GRAND PAS
［アングランパ］

オーナーシェフ
丸岡丈二さん
（→P.82・114）

1978年埼玉県生まれ。2000年から「オーボンヴュータン」で9年間修業し、その後、渡仏。帰国後、「オーベックファン」（埼玉・川口）で3年間シェフパティシエを務め、13年に埼玉・さいたま新都心に「アングランパ」をオープン。

DATA
埼玉県さいたま市大宮区吉敷町4-187-1
☎ 048-645-4255
ja-jp.facebook.com/UN.GRAND.PAS

PÂTISSERIE BIGARREAUX
［パティスリー ビガロー］

オーナーシェフ
石井 亮さん
（→P.86・116）

1974年埼玉県生まれ。「レピドール」（東京・田園調布）、「山口屋」（埼玉）を経て、渡欧。ルクセンブルク、フランスで修業を積み、帰国後、2003年にレピドールのシェフパティシエに就任。14年に「パティスリー ビガロー」をオープン。

DATA
東京都世田谷区桜新町1-15-22
☎ 03-6804-4184
ja-jp.facebook.com/patisseriebigarreaux

Shinfula
［シンフラ］

オーナーシェフ
中野慎太郎さん
（→P.90・116）

1978年埼玉県生まれ。東京・恵比寿の「タイユバン・ロブション」（現「ジョエル・ロブション」）に勤務したのち、「レ・クレアション・ド・ナリサワ」（現「ナリサワ」）でシェフパティシエを務める。2013年に「シンフラ」をオープン。

DATA
埼玉県志木市幸町3-4-50
☎ 048-485-9841
www.shinfula.com

Relation
［ルラシオン］

オーナーシェフ
野木将司さん
（→P.94・116）

1978年神奈川県生まれ。「ル・サントノーレ」を経て渡仏し、「ローラン・デュシェーヌ」「パトリック・シュヴァロ」で修業。帰国後、「ピエール・エルメ・パリ」「リンデンバウム」などに勤め、2013年に「ルラシオン」をオープン。

DATA
東京都世田谷区南烏山3-2-8
☎ 03-6382-9293
ja-jp.facebook.com/Relationentre

---

grains de vanille
［グラン・ヴァニーユ］

オーナーシェフ
津田励祐さん
（→P.98・118）

1979年福井県生まれ。兵庫・神戸にあった「パティシエ イデミスギノ」を経て、渡仏。帰国後は「資生堂パーラー」や東京・京橋の「イデミスギノ」などで研鑽を積む。2011年、京都市内に「グラン・ヴァニーユ」をオープン。

DATA
京都府京都市中京区間之町通二条下鍵屋町486
☎ 075-241-7726
www.grainsdevanille.com

PÂTISSERIE LACROIX
［パティスリー ラクロワ］

オーナーシェフ
山川大介さん
（→P.102・118）

1978年大阪府生まれ。大阪の「なかたに亭」を経て渡仏し、帰国後、東京・吉祥寺の「レピキュリアン」、愛知・名古屋の「ラ ブティック ドゥ ジョエル・ロブション」を経て、2011年に「パティスリー ラクロワ」をオープン。

DATA
兵庫県伊丹市伊丹2-2-18
☎ 072-747-8164
lacroix.jp

Ryoura
［リョウラ］

オーナーシェフ
菅又亮輔さん
（→P.106・118）

1976年新潟県生まれ。フランス各地で3年間修業したのち、帰国。「ピエール・エルメ サロン・ド・テ」を経て、「ドゥー パティスリー カフェ」のシェフパティシエに就任。2015年、東京・用賀に「リョウラ」をオープン。

DATA
東京都世田谷区用賀4-29-5
グリーンヒルズ用賀ST 1F
☎ 03-6447-9406　www.ryoura.com

ASTERISQUE
［アステリスク］

オーナーシェフ
和泉光一さん
（→P.122・162）

1970年愛知県生まれ。東京・成城の「成城アルプス」、大阪・堺の「花とお菓子の工房 フランシーズ」を経て、東京・調布の「サロン・ド・テ・スリジェ」のシェフパティシエに就任。2012年に東京・代々木上原に「アステリスク」を開業。

DATA
東京都渋谷区上原1-26-16 タマテクノビル1F
☎ 03-6416-8080
www.asterisque-izumi.com

Pâtisserie
Etienne
[パティスリー エチエンヌ]

オーナーシェフ
藤本智美さん
(→P.126・164)

1970年生まれ。横浜プリンスホテルやグランドハイアット 東京で研鑽を積み、後者では約5年間ペストリー料理長を務める。2007年にはクープ・デュ・モンド・ドゥ・ラ・パティスリーで活躍。11年に独立開業。

DATA
神奈川県川崎市麻生区万福寺6-7-13
マスターアリーナ新百合ヶ丘1F
☎ 044-455-4642　www.etienne.jp

Pâtisserie Chocolaterie
Chant d'Oiseau
[パティスリー ショコラトリー シャンドワゾー]

オーナーシェフ
村山太一さん
(→P.130・164)

1979年埼玉県生まれ。「パティスリー シェーヌ」「パティスリー アカシエ」を経て渡欧。ベルギーの「ヤスシササキ」や「コルネトワゾンドール」などで腕を磨いた。2010年に「パティスリー ショコラトリー シャンドワゾー」をオープン。

DATA
埼玉県川口市幸町1-1-26
☎ 048-255-2997
www.chant-doiseau.com

Les Temps Plus
[レタンプリュス]

オーナーシェフ
熊谷治久さん
(→P.134・164)

1979年千葉県生まれ。「パティスリー・ドゥ・シェフ・フジウ」「オーボンヴュータン」を経て渡仏し、パリの「パトリック・ロジェ」やロレーヌ地方の「フランク・ケストナー」などで修業。2012年に「レタンプリュス」をオープン。

DATA
千葉県流山市東初石6-185-1
☎ 04-7152-3450
lestempsplus.com

OCTOBRE
[オクトーブル]

オーナーシェフ
神田智興さん
(→P.138・166)

1974年東京都生まれ。「ルコント」「ノリエット」「マルメゾン」で修業し、渡仏後は「ジェラール・ミュロ」「ピエール・エルメ・パリ」などで腕を磨く。リンツ＆シュプルングリージャパン(株)のシェフを経て、2013年に「オクトーブル」を開業。

DATA
東京都世田谷区太子堂3-23-9
☎ 03-3421-7979

Pâtisserie
TRÈS CALME
[パティスリー トレカルム]

オーナーシェフ
木村忠彦さん
(→P.142・166)

1982年東京都生まれ。料理人を志したのち、パティシエに転身。「銀座レカン」、ホテル西洋銀座を経て、会員制ホテルのウラク青山でシェフパティシエを務める。2014年、東京・千石に「トレカルム」をオープン。

DATA
東京都文京区千石4-40-25
☎ 03-3946-0271
www.tres-calme.com

Pâtisserie
Les années folles
[パティスリー レザネフォール]

オーナーシェフ
菊地賢一さん
(→P.146・166)

1978年神奈川県生まれ。都内のパティスリー数店で修業したのち、パーク ハイアット 東京や、パリのパーク ハイアット パリ ヴァンドーム、「セバスチャン・ゴダール」などで腕を磨く。2012年に「パティスリー レザネフォール」をオープン。

DATA
東京都渋谷区恵比寿西1-21-3
☎ 03-6455-0141
lesanneesfolles.jp

Pâtisserie & café
DEL'IMMO
[パティスリー ＆ カフェ デリーモ]

シェフパティシエ
江口和明さん
(→P.150・168)

1984年東京都生まれ。製菓専門学校を卒業後、「渋谷フランセ」に入店。その後、東京や兵庫・神戸の高級チョコレート専門店で研鑽を積み、2013年に東京・赤坂の「パティスリー＆カフェ デリーモ」のシェフパティシエに就任。

DATA
赤坂店：東京都港区赤坂3-19-9
☎ 03-6426-5059
www.de-limmo.jp

---

pâtisserie
accueil
[パティスリー アクイユ]

オーナーシェフ
川西康文さん
(→P.154・168)

1979年大阪府生まれ。製菓専門学校卒業後、「花とお菓子の工房 フランシーズ」や「なかたに亭」など大阪府内のパティスリーで計約15年間修業を積む。なかたに亭ではスーシェフを務めた。2014年に「パティスリー アクイユ」をオープン。

DATA
大阪府大阪市西区北堀江1-17-18-102
☎ 06-6533-2313
ameblo.jp/p-accueil2014

Pâtisserie
a terre
[パティスリー ア・テール]

オーナーシェフ
新井和碩さん
(→P.158・168)

1977年兵庫県生まれ。製菓専門学校を卒業後、新神戸オリエンタルホテル（現ANAクラウンプラザホテル神戸）、京都の「レマン館」などに勤め、腕を磨く。2012年、大阪・池田に「パティスリー ア・テール」をオープン。

DATA
大阪府池田市城南1-2-3
☎ 072-748-1010
aterre.citylife-new.com

PETIT GÂTEAU-RECIPE
プチガトー・レシピ
パティスリー35店の生菓子の技術とアイデア

初版発行	2017年8月15日
4版発行	2023年9月10日

編　者　café-sweets（カフェ-スイーツ）編集部
発行者　丸山兼一
発行所　株式会社　柴田書店
　　　　〒113-8477 東京都文京区湯島3-26-9 イヤサカビル
　　　　営業部／03-5816-8282（注文・問合せ）
　　　　書籍編集部／03-5816-8260
　　　　https://www.shibatashoten.co.jp
印刷・製本　凸版印刷株式会社

本書掲載内容の無断転写・複写（コピー）・引用・データ配信等の行為は固く禁じます。
乱丁・落丁本はお取替えいたします。

ISBN978-4-388-06269-0
Printed in Japan
©Shibatashoten 2017